당근농장 이야기

영성이 있는 일터
당근농장 이야기

초판 1쇄 인쇄 2014년 3월 20일
초판 3쇄 발행 2016년 8월 2일

지은이 노상충
펴낸이 김찬희
펴낸곳 끌리는책

출판등록 신고번호 제25100-2011-000073호
주소 서울시 구로구 오류동 109-1 재도빌딩 206호
전화 영업부 (02)335-6936 편집부 (02)2060-5821
팩스 (02)335-0550
이메일 happybookpub@gmail.com

ISBN 978-89-90856-64-7 13320
값 14,000원

* 잘못된 책은 구입하신 서점에서 교환해드립니다.
* 이 책 내용의 일부 또는 전부를 재사용하려면 반드시 사전에 저작권자와 출판권자의 동의를 얻어야 합니다.

영 성 이 있 는 일 터
당근농장 이야기

노상충 지음

끌리는책

프롤로그 아직도 우리는 늘 시작하는 마음이며, 들떠 있다

"우리는 어디에서 왔는가?
우리는 무엇인가?
우리는 어디로 가는가?"
화가 폴 고갱이 그의 인생 정점에서 남긴 역작(제목)에 붙인 글이다.

창업을 하고 회사를 경영한다는 것은 어쩌면 늘 이러한 질문을 스스로에게 던지면서 살아가야 하는 운명일지도 모른다. 생명력 있는 일터는 시간을 축으로 존재에 대한 끊임없는 고민이 전제될 때만이 가능하기 때문이다.

지금부터 나는 상도동 옥탑 10평 남짓한 공간에서 출발하여 대한민국 최고의 전문 교육회사로 성장한 '당근농장 이야기'를 시작하려 한다. 이것은 지난 13년간 한결같이 고민해온, 사람과 조직에 대한 경험들이다. 120여 명의 열정이 넘치는 캐러션(CARROTian)들은 과거에 경험해보지 못한 새로운 방식으로 실험

적인 조직을 만들어가고 있다. 이것이 가능한 이유는 과거의 어떤 패러다임도 우리의 미래를 대신할 수 없다는 확신이 있었기 때문이다.

대한민국 기업들의 글로벌 역량을 강화하는 것이 우리의 사업 미션이다. 많은 사람들이 당근을 눈여겨보고 있으며, 조직 문화를 벤치마킹하기도 한다. 110개월 동안 우리는 한 번도 쉬지 않고 독서 토론 '멘토링데이'를 진행했으며, 매년 전 직원이 삼삼오오 짝을 이뤄 외국 배낭여행 '아웃팅'을 떠난다. 동시다발적인 '하이퍼커뮤니케이션', 위계가 없는 '수평문화', '성장 지향적'인 조직 개발, 지속적인 '사회적 기여' 등은 오랜 기간에 걸쳐 당근의 문화 정체성이 되었다. 이런 효과적인 조직 문화는 직원들의 성장과 삶의 만족도뿐만 아니라 높은 생산성과 부가가치를 만들어내는 데 결정적인 기여를 하고 있다.

당근농장 이야기는 세간에서 이야기하는 성공 스토리가 아니다. 아직도 우리는 늘 시작하는 마음이며, 들떠 있다. 하루하루가 도전이고 성장이며 무엇인가를 향해 분명히 앞으로 나아가고 있음을 우리 모두가 알고 있다. 신기하게도 우리가 커갈수록 우리의 꿈도 같이 커가고 더 명확해진다는 것을 느낀다. 당근농장 이야기는 이러한 실험적인 결과들을 함께 공유하고, 이 시대를 살면서 미래에 자신의 이야기를 준비하는 청년들에게 꿈이 아닌 실천적 희망을 주기 위한 이야기다.

많은 경영자들이 수학 문제를 풀듯이 성공에 대한 답을 찾고자 하지만, 어쩌면 경영의 본질은 답을 찾는 행위가 아니라 문제를 찾아가는 과정에 더 가깝다. 이 모든 이야기의 핵심에는 '사람'이 있다. 대상으로서가 아니라 '존재'로서 함께 호흡하고 공감하며 서로에게 의미를 부여할 수 있어야 조직의 생명력이 유지된다. 어떻게 이것이 가능할까? 당근농장은 바로 이러한 가능성의 한 단면을 보여주는 실험의 장이다.

우리는 영성이 있는 일터를 지향해왔다. 영성이 있는 일터란 구성원들이 일상에서 깨어 있는 조직을 말한다. 그들은 왜 일을 하는지 그 이유를 알며, 자기가 하는 일의 의미가 무엇인지를 알고 있다. 일이 결핍을 채우기 위한 수단을 넘어, 자신과 타인 그리고 사회에 어떠한 영향을 주는지를 잘 알고 있다. 그들에게 일과 삶은 분리되어 있지 않고, 식물의 줄기가 햇빛을 쫓듯이 언제나 성장 지향적인 삶을 추구하는 것이다.

나는 이 책이 우리의 미래를 만들어가기 위해 이제 막 출발선에 선 젊은이들에게 하나의 실천적 희망이 되길 바란다. 또한 경영 일선에서 '사람과 조직'에 대해서 고민하는 동료 경영자들에게는 유익한 참고서가 되었으면 좋겠다.

봄을 맞이하며
노상충

차례

프롤로그 아직도 우리는 늘 시작하는 마음이며, 들떠 있다 ... 4

1

함께 꿈꾸고 공감하다
— 성장을 즐기는 사람들

5월이면 생각나는 사람 ... 14
글로벌 역량의 중요성을 감지하다 ... 21
공감을 나누는 감성 공간 ... 27
고민과 문제의 유효기간 ... 33
왜 수평문화인가? ... 39
온몸으로 시장을 경험하다 ... 44
커뮤니케이션 서약? ... 49
세계적인 석학들을 초청하다 ... 55
안 가본 곳을 가봐야, 안 해본 짓을 하지 ... 60
다양성과 역동성이 있는 창조적 난장판 ... 65
110회의 성장 기록, 멘토링데이 ... 71

2

생존과 도약을 동시에 이루다
— 강한 생명력과 생존력의 경계

사람 찾아 강남으로 … 78
강한 생명력, 강한 생존력 … 83
참고 견디어내는 힘 … 88
코를 박고 견디는 시간 … 93
콘텐츠에 회사의 철학을 입히다 … 98
양보할 수 없는 깐깐한 채용 … 104
성장할 수 없다면 떠나라 … 110
교육의 효과와 만족도를 동시에 고민하다 … 116
다른 회사는 어떻게 하나요? … 122
의미 있는 보답을 실천하다 … 127

3

사람과 소통을 중심에 두다
— 비비고, 문대고, 떨어지고 싶지 않은

우리의 소통 방식은 하이퍼커뮤니케이션 … 132

분자 구조 모형과 수평문화 … 138
살아 움직이는 조직 … 142
직원 3명에 경영위원 4명 … 148
회사를 코칭하다 … 153
조직 운영의 원칙, 80:20:30 … 157
중소기업 사장들의 '사람 타령' … 162
있는 그대로 볼 수 있는 힘 … 168
개인의 잠재력과 포텐셜 … 172
비비고, 문대고, 떨어지고 싶지 않은 … 177
리더와 거울뉴런 … 181

4

따스함과 긴장이 공존하다
– 우리가 일하고 살아가는 이유

일상의 날을 세우듯 내면을 보다 … 188
비옥함과 척박함 … 195
진실의 순간 … 199
꿈틀대는 '생명 충동' … 204
침팬지와 오렌지주스 … 209

집단성의 본질 … 214
조직이 살아 숨 쉬는 원천, 대립성 … 219
생존 DNA … 224
미운 오리 새끼와 글로벌 역량 … 227
스스로 성장하려는 속성 … 232
일과 삶의 균형에 대하여 … 236
'대도약', 퀀텀 점프 … 240
영성이 있는 일터를 지향하며 … 245

감사의 글 … 250

1

함께 꿈꾸고
공감하다
― 성장을 즐기는 사람들

왜 살아야 하는지 그 이유를 아는 사람은
모든 삶의 문제에 직면할 수 있다.
― 프리드리히 니체

5월이면 생각나는 사람

"사장님, 안녕하세요? 혜경이 엄마예요! 올해도 복 많이 받으시고 사업 번창하길 바랍니다. 항상 몸 챙기면서 일하세요!"

"네, 어머님. 아버님도 건강하게 잘 계시죠? 서울에 올라오시면 회사에 꼭 들르세요!"

박혜경(Judy) 실장의 어머니다. 해마다 명절이 되면 전남 고흥에 계시는 그녀의 어머니에게서 전화가 걸려온다. 그분을 뵌 지도 벌써 10년이다. 우리는 명절 때가 되면 이렇게 서로의 안부를 묻는다. 그리고 손수 지으신 햅쌀을 매년 한 가마니씩 잊지 않고 보내주시는데, 나는 그 귀한 쌀을 박혜경 실장을 기억하는 동료들과 함께 감사하는 마음으로 조금씩 나눠 먹는다.

  2002년 봄날의 기운이 한창이던 5월 어느 날, 키 150센티미터가량의 자그마한 체구에 반짝이는 눈빛을 가진 당돌한 여성이 당근의 문을 두드렸다. 영문학을 전공한 후 꽤 건실한 회사에 다니고 있었는데 대학원에서 영어교육학(Tesol)을 공부하면서 교육 회사에서 일하고 싶다며 우리 회사를 찾아온 것이었다. 당시 당근은 직원이 다섯 명도 안 되는 신생 회사였기 때문에 근무 환경이나 대우가 썩 좋은 편이 아니었다. 하지만 그녀는 그런 것은 별문제가 되지 않는다며 함께 일할 기회를 달라고 했다.

  당시 당근영어는 글로벌 플랫폼을 갖춘 전화 영어 비즈니스 모델을 처음으로 만들어 시장에 선보였지만, 전화 영어에 대한 인식 부족과 싸우며 하루하루 생존을 위해 혼신의 힘을 다하고 있었다. 한 달 매출은 2천만 원을 겨우 턱걸이했다. 그런데 박 실장이 고객 관리를 시작하면서 매출이 늘더니 매달 신기록 행진을 했고, 회사는 적자의 늪에서 벗어나 손익분기점을 넘기게 되었다. 이후 글로벌역량사업본부의 시초인 출강 사업을 시작하여 1년여 만에 월 8천만 원까지 매출을 만들어냈다. 누가 뭐래도 박혜경 실장은 당근의 사업적 기반을 만들어낸 일등공신이었다. 그렇다고 그녀가 장기적인 사업 전략이나 어려운 경영 이론, 마케팅 법칙 같은 것을 잘 아는 것은 아니었다. 그녀는 항상 말이 아닌 행동으로 고객과 소통했으며, 자신이 무엇을 하고 있으며, 무엇을 위해 일하는지를 잘 알고 있었다.

그녀는 내가 만난 수많은 사람 중 단연 최고의 실천가였다. 작고 가녀린 몸에서 어떻게 그런 열정이 샘솟는지, 무엇이 그녀를 그렇게 강하게 만들었는지 신기할 정도였다. 회사 일을 자기 일처럼 여겼고, 자신이 수긍할 수 없는 문제는 절대 그냥 넘어가는 법이 없었다. 이 때문에, 그녀를 이해시키는 데 많은 인내와 노력이 필요하기도 했다. 어쩌면 그녀 자체가 나에게 하나의 도전이었다는 표현이 적절할지 모르겠다. 대한민국 최고의 기업에서 신입사원 시절을 보내고, 미국에서 경영학을 공부하면서 다뤄왔던 수많은 사례들을 되새겨가며 회사의 전략을 고민하는 나의 모습이 그녀의 눈에는 순진한 책상물림으로 보였을지도 모른다. 그녀가 보기에는 모든 것이 혁신의 대상이고 동시에 기회였던 것이다. 그러다 보니 그녀와 격렬한 토론이 벌어지기 일쑤였고 한번 시작되면 1시간이 지나도 결론을 내지 못하는 경우가 많았다.

하루는 박 실장이 다짜고짜 내 방문을 열고 들어와서는, "제임스 님, 아무래도 제임스 님 명함을 바꾸는 게 좋겠어요"라고 하는 게 아닌가? 나는 무척 당황스러우면서도 그 이유가 궁금했다.

박 실장의 말로는 회사 규모도 작은데 30대 초반의 젊은 사람이 대표이사 명함을 내밀면 고객이 부담스러워한다는 것이었다. 그러니까 책임자급 정도로 '실장' 명함을 만들자는 이야기였다. 나는 그 말을 도무지 이해할 수 없어 강하게 반발했다.

"그게 무슨 말이에요? 회사 규모가 크든 작든 나이가 많든 적든 내가 회사를 대표하는 사람인데, 왜 굳이 실장 명함을 가지고 다녀야 합니까? 회사를 1~2년만 하고 그만둘 것도 아닌데, 회사의 정체성을 위해서도 그렇게 할 수는 없습니다."

박 실장은 물러서지 않고 고객과 편하게 일을 시작하기 위해서는 대표 명함보다는 실장 명함이 좋다고 주장했다. 그게 회사 성장을 위해서도 좋다는 것이었다. 둘 다 나름의 이유가 있었기 때문에 한 치의 양보도 없는 설전이 계속되었다. 도저히 양보할 수 없는 사안이라는 나의 강한 주장에 그녀가 이야기를 멈추고 돌아서긴 했지만, 그렇다고 내 의견에 동의한 것은 아니었다. 그만큼 그녀도 나도 회사를 위해서 고민하기로는 둘째가라면 서러울 정도였으며, 어떤 사안이 생기면 쉽게 물러서거나 타협하지 않았다. 따라서 설전과 설득의 과정은 일상이었다.

박 실장은 결혼 후 용인 근처에서 출퇴근을 했는데, 신생 회사의 특성상 늦게까지 일하는 경우가 많았다. 출퇴근 거리가 부담이 됐는지 그녀는 나도 모르는 사이에 회사 근처로 이사를 했다. 남편이 동의를 해준 듯했다. 남편이 나와 비슷한 연배이고 몇 번

만난 적이 있어 사람 좋은 것은 익히 알고 있었지만, 아내의 회사 일을 위해 신혼집을 옮기는 것은 쉽지 않았을 것이다. 주말에는 종종 남편과 함께 사무실에 들러 청소를 해놓고 가기도 했다. 하지만 나는 당시 회사의 생존을 위해 온 신경을 쓰고 있던 터라, 회사를 위하는 그녀의 깊은 마음을 헤아릴 여유가 없었다.

3년 동안 그녀는 혼신의 힘을 다해 당근을 위해 일했다. 오로지 회사를 키우겠다는 일념으로 머뭇거리거나 주저하는 법 없이 앞만 보고 달리며 다양한 방법으로 사업을 만들어갔다. 나로서는 잘 이해가 되지 않는 방법도 많았지만 그녀는 어떻게 회사를 성장시켜야 하는지 아는 사람 같았다. 그렇게 그녀는 회사가 성장할 수 있는 기반을 닦는 데 결정적인 역할을 했다. 그리고 책과 학교에서 배운 지식에 갇혀 있던 나에게 현실에서 치열하게 부딪히고 생존하는 법을 행동으로 보여주면서 일깨워주었다.

그런데 어느 날 그녀에게 뜻하지 않은 병마가 찾아왔다. 출산과 함께 위암이 발견되었을 때는 이미 손을 써볼 수 없는 상태였다. 처음 그 소식을 들었을 때 나는 너무 놀라고 앞이 캄캄해서 한동안 내 방에서 조금도 움직일 수 없었다. 그녀는 투병 중에도 "빨리 나아서 당근에서 일하고 싶다"는 말을 입버릇처럼 했다. 나 역시 그녀가 병마를 훌훌 털고 일어나 건강한 모습으로 사무실에 들어서는 날이 다시 오기를 간절히 바랐다. 하지만 그런 날은 오지 않았다. 병색이 짙어지고 야위어가면서도 삶에 대한 희망을 끝까지 놓지 않았던 그녀의 모습이 또렷하다. 좀 더 자주 찾아가고, 손을 꼭 잡아주고, 고맙다는 말을 전했어야 했는데, 그러지 못해 오랫동안 미안한 마음으로 남아 있다. 그녀는 그렇게 당근에서의 3년을 30년처럼 눈부시게 살았고, 남편과 어린 아들을 남긴 채 짧은 생을 마쳤다.

　오늘의 당근이 있기까지 그녀 외에도 많은 사람들의 땀과 노력이 있었다. 한 사람 한 사람 떠올릴 때면 가슴이 벅차오른다. 특히 박 실장의 열정과 헌신은 오늘날 당근의 정신이 되었고, 우리 모두의 마음속에 살아 숨 쉬고 있다. 그녀가 단 한시도 놓지 않았던 당근의 '꿈'은 이제 우리의 몫이 되어 언제나 우리를 하나로 묶어주고 지탱해주는 든든한 버팀목이 되었다. 우리는 그녀의 '실행정신'을 기리기 위해 주디스 데이(Judy's Day)를 정하고 해마다 5월이면 모든 직원들이 그녀의 삶과 의미를 되새겨보는 시간을 가진다. 위대한 기업의 필요조건인 훌륭한 역사성과 강한 문화는 오랜 시간 당근과 함께한 사람들의 헌신과 질곡을 바탕으로 규화목처럼 형성되어온 것이다.

　당근 본사 사무실에 들어서면 가장 먼저 보이는 로비는 주디스 룸(Judy's Room)이라 불린다.

　요즘도 가끔 내 방으로 들어서는 열정 넘치는 직원들을 볼 때면 그녀의 얼굴이 떠오른다. 지금은 그녀가 혼신의 힘을 다해 일군 당근농장에서 많은 주디들이 함께하고 있다.

해마다 5월, 주디가 우리에게 왔던 그날이 되면 그녀가 무척 그리워진다.

글로벌 역량의
중요성을 감지하다

　　　　　　　　　　미국에서 경영대학원을 다닐 때였다. 한인회 회장의 요청으로 한국 경제단체에서 손님들이 오면 통역 겸 안내자로 봉사를 하곤 했다. 주로 지역 상공회의소 방문을 시작으로 관심 있는 기업 몇 곳을 사전에 선정하여 손님들을 안내하게 되는데, 개인적으로는 멀리 한국에서 선진국을 배우겠다고 오신 분들에게 더 많은 정보와 결과를 얻어가게 하고 싶은 마음이 굴뚝같았다.

　　한번은 어느 지자체에서 행정 관료와 상공회의소 임원 20여 명이 지역 신문기자들까지 대동하여 미국에 왔다. 자매결연 도시를 맺기 위한 사전 방문인 듯했다. 여느 때와 마찬가지로 한인회 회장님의 부탁으로 탐방할 기업 몇 군데를 안내해주기로 하고 이른 아침에 한국에서 온 손님들이 묵고 있는 호텔로 찾아갔다. 첫 대면이라 긴장한 채 호텔 문을 열고 들어가 인사를 드렸다.

그런데 한쪽에서 누군가가 "학생, 비아그라는 어디서 사지?"라고 묻는 게 아닌가. 그러자 곧 여러 사람들이 가세하는 분위기로 보아 각각 몇 통씩 필요한지 이미 얘기가 다 된 모양이었다. 비아그라를 사려면 의사의 처방이 필요하다고 하자, 아는 한인 의사에게 부탁해서 살 수 있게 해달라는 요청까지 했다. 이후에도 그분들은 비아그라에 대한 이야기를 계속 나누었다. 자신들이 왜 미국에 왔는지, 어떤 기업을 방문하고, 그 기업에서 무엇을 둘러볼 것인지에 대해서는 애당초 관심이 없어 보였다.

2000년 밀레니엄을 앞두고 세상이 시끌벅적하던 때였다. 마치 몇 달만 지나면 새로운 세상이 열리기라도 하듯 부푼 기대감과 아울러 한쪽에서는 Y2K 문제(디지털 데이터의 연도 표기가 두 자리 숫자로 되어 있는 경우 2000년을 제대로 인식하지 못해 생길 수 있는 오류) 때문에 정보 혼란이 야기될 것이라는 우려가 컸다. 당시 새로운 개념의 발기부전 치료제인 비아그라도 세간에 화제가 되었으니, 중년 남성들이 관심을 가질 만했다. 하지만 지자체를 대표하는 사람들이 보인 집단적 반응에 나는 당황할 수밖에 없었다. 그 후에도 비슷한 일을 여러 번 겪었다. 그럴 때마다 많은 의문이 들었다. '과연 우리에게 21세기는 희망으로 다가오는가? 파도처럼 밀려오는 세계화의 흐름 속에서 우리는 무엇을 준비하고 있는 걸까?'

국제경영학을 전공하던 나에게 가장 의미 있는 세기의 변화는 '세계 경제의 블록화'와 '무한경쟁 시대'의 돌입이었다. 물론 수업에서 단골로 다뤄지는 토론 주제이기도 했다. 수업 중에 다루는 사례는 대부분 북미나 서유럽의 선진기업이었다. 간혹 소니, 파나소닉, 도요타와 같은 일본 기업의 성공 사례가 언급될 때면 같은 아시아권이라는 이유만으로도 반가운 적도 있었다. 지금은 삼성전자의 성공 사례도 경영대학원에서 많이 다루어지고 있다고 하는데, 당시만 해도 상상할 수 없는 일이었다. 내가 삼성전자에서 근무했다고 소개하면 대부분 시큰둥한 반응을 보이거나 모르는 사람이 태반이었다. 이것이 당시 우리의 글로벌 수준이었다.

그러니 다른 기업들은 어떠했겠는가? 해외에서 활동하고 있는 한국 기업들의 조직 운영 수준은 글로벌 기업이 갖춰야 할 운영 시스템이나 인적 역량이 매우 취약한 상태였다. 당연히 현지 채용 인력의 이직률도 높았는데, 일자리가 없는 경우 한국 기업에 지원해 일을 하다가 어느 정도 경력이 쌓이면 다른 회사로 옮겨가는 경우가 많았다. 한국에서 파견된 주재원들과 현지 매니저들의 일하는 방식이 다르고, 소통이 원활하지 않은 것도 이직률을 높이는 데 한몫했다. 주재원들이 불철주야 열심히 일한다 하더라도 조직력이 뒷받침되지 않으니 좋은 성과를 내기가 쉽지 않았다. 글로벌 기업들과 경쟁하는 시장에서 주재원들의 개인적인 스펙만으로는 역부족이었다. 당시 한국 회사들은 글로벌 역량을 어떻게 체계적으로 육성할 것인지에 대한 개념 자체가 없었다. 국내에서처럼 시장에 제품만 내놓으면 팔린다고 생각한 것일까? 때문에 해외에 파견되는 주재원들은 나 홀로 투사가 되어 모든 짐을 떠맡아야 했다.

글로벌 시장에서 생존하고 성공하려면 단지 제품만 좋다고 가능한 것이 아니다. 다차원적인 글로벌 전략과 이를 성공적으로 수행할 수 있는 조직 역량이 전제되어야 한다. 우리 기업들이 글로벌 시장에서 어떻게 살아남고 성공할 것인가를 고민하기 시작한 것도 이 때문이다.

선진 글로벌 기업들의 경우 해외법인에 주재원을 파견하기 위한 글로벌 인력풀을 체계적으로 육성한다. 직무 역량은 물론이고, 낯선 기업 환경에서 업무를 효율적으로 수행하기 위한 협상과 리더십, 이문화 적응 훈련까지 받는다. 또한 선발 시에는 가족 관계까지 고려하는데, 필요한 경우 가족에 대한 이문화 적응 교육도 병행하여 실시한다. 해외법인에 파견된 주재원들은 주로 의사결정 역할을 하는 만큼 이들이 적응에 실패할 경우 그로 인한 회사의 손실이 실로 엄청나기 때문이다. 선진 글로벌 기업들이 전 세계를 무대로 성공 스토리를 만들어낼 수 있었던 것은 체계적으로 사람을 육성하는 전략이 선행되었기 때문이다.

한국 기업들은 경영 환경의 변화에 맞춰 글로벌 인재를 어떻게 육성할 것인지에 대한 고민이 무모할 정도로 부재했다. 주재원을 파견하면서도 글로벌 마인드 함양과 이문화 이해 등과 같이 반드시 필요한 교육들을 선행하지 않은 채 임무만 주고 짐을 싸게 하는 일이 허다했다.

우리 기업들이 글로벌 시장에 본격적으로 진출하기 시작한 지도 10여 년이 지났다. 과거에 비하면 지금은 글로벌 역량 개발에 대한 관심과 투자가 상당히 많이 이루어지고 있다. 하지만 글로벌 전략을 성공적으로 수행하기에는 아직 부족하다. 지금도 여전히 발령만 받고 허둥지둥 짐을 싸서 떠나는 경우가 많다. 그러면서도 회사가 이들에게 거는 기대는 어찌 보면 "불가능한 것을 가능하게 만드는 것"일지도 모른다.

이들이 초반에 많은 시행착오를 경험하며 현지에 적응해야 하는 것은 불 보듯 뻔하다. 리더십의 발휘나 탁월한 성과를 창출하기에 앞서 '생존'의 문제를 해결하는 데 많은 시간을 허비해야만 하기 때문이다. 환경에 적응하고 조직에 필요한 리더십을 발휘할 만한 시간이 되면 본국으로 돌아갈 때가 되어 자리 걱정을 해야 한다. 이러한 악순환의 원인은 글로벌 인재 육성에 대한 고민과 준비 부족이다. 설사 준비를 한다 하더라도 가까운 어학원에 보내어 영어 공부를 할 수 있게 지원해주거나 승무원 출신의 강사를 불러다 테이블 매너나 에티켓을 가르쳐주는 정도에 그치곤 했다. 그러니 우리 기업들의 글로벌 수준이 동네 영어학원 수준이나 기내 서비스 수준을 넘어서지 못한다는 말이 나올 수밖에 없다.

이러한 현실적 고민에서 대한민국 기업들이 글로벌 역량을 체계적으로 확보하고 글로벌 시장에서 경쟁력을 강화하는 것이 나에게 가장 큰 관심사이자 미션으로 다가왔다. 이런 고민 끝에 당근은 시장에 첫발을 내딛게 되었다.

공감을 나누는 감성 공간

"잠깐 찻물을 먼저 가져올게요!"
"오늘은 이 차를 드리겠습니다. 맛이 괜찮을 거예요!"

우리 회사에는 사장실이라고 명명된 방이 없다. 물론 따로 방을 쓰긴 한다. 회의실 겸 접대실로도 쓰는 내 방은 사장실이라는 이름 대신에 'Chief Empowering Officer'라는 문패를 달았다. 사장은 회사 전체를 관리하고 책임져야 하는 직책이다. 하지만 사장이 모든 일을 직접 챙긴다고 해서 반드시 회사가 잘 돌아간다는 보장은 없다. 나는 운이 좋게도 사업이 한 사람의 욕심과 투지로만 이뤄지지 않는다는 것을 일찍 깨달은 편이다. 또한 기업의 성공이 경영자 개인의 전리품이 되어서도 안 된다고 생각한다. 나 스스로가 기업과 조직에 대한 사적인 소유욕을 버리는 순간 훨씬 더 자유로워질 수 있었다. 그리고 더 많은 시간과 에너지를 사람에 집중하기 시작했다. 먼저 리더들 개개인의 특성들을 살피고 헤아리려고 노력했다. 어떤 사람은 진취적이며 일 중심적이고, 어떤 사람은 꼼꼼하며 관계중심적이기도 하다. 심리학 공부는 다양한 사람들의 속성과 행동을 이해하는 데 많은 도움이 되었다.

"요즘도 남편이 잘 챙겨주나요?"

"이사한 집은 출퇴근하기 힘들지는 않고?"

"아이 학교생활은 어때요?"

업무와 관련해서 나의 의견을 묻고자 하는 팀장이나 부문장들과 이야기를 나눈 후 나는 화제를 돌려 살아가는 이야기를 주고받는다. 혹시 개인적인 고민이 있는지도 살펴보고 사소한 일상에 대해 이야기도 나눈다.

이렇게 이야기를 나누면서 서로를 이해하는 과정을 거치다 보니, 상대가 이해하기 어려운 행동을 했을 때 즉각적인 반응보다는 왜 그런 행동을 했는지 이해하려는 노력을 하게 되었다. 그런 과정에서 개개인에 대한 인간적인 연민과 공감대를 형성할 수 있었다.

이야기를 나눌 때 빠지지 않는 것이 바로 차다. 내 사무실에는 다양한 차가 준비되어 있다. 차를 끓여 함께 마시면서 내가 먼저 마음을 열면 직원들도 자연스럽게 말문을 열곤 한다.

나는 직원들에게 일방적으로 이야기하는 것을 가급적 자제한다. 학창시절 교장 선생님의 훈시는 아무런 감흥을 주지 않았고, 회사 생활에서도 사장이나 임원들의 연설은 매우 중요하고 의미 있는 내용임에도 불구하고 마음속으로 온전히 흡수하기 힘들었음을 기억하기 때문이다. 아무리 철저히 준비하고 심도 있는 주제라 하더라도 일방적인 연설은 상대에게 마음의 공감을 불러일으키는 데 한계가 있다. 아버지가 아들에게 아무리 훌륭한 말을 늘어놓은들 옆집 아저씨의 지나가는 이야기가 더 솔깃하게 들리는 것과 같은 이치다. 그래서 회사 행사 때도 감사의 인사와 함께 가능한 한 짧게 얘기하고, 직원들이 스스로 문제를 발견하고 해결할 수 있도록 한다. 대신에 언제 어디서든 직원들과 격의 없는 소통을 하려고 늘 신경 쓴다. 복도에서든 엘리베이터 앞에서든 그냥 지나치지 않는다. 한마디 인사라도 건네고, 여의치 않을 때는 손을 흔들거나 눈인사라도 하고 지나간다.

차를 마시는 것은 내가 직원들과 정서적 교감을 나눌 수 있는 중요한 시간이다. 사장의 방은 경직되고 인간미가 없는 업무 공간이 아닌 언제든 따뜻한 차를 함께 마시며 마음을 열고 서로를 이해할 수 있는 감성 공간이 되어야 한다. 차의 따뜻한 기운은 몸의 긴장을 이완해줄 뿐만 아니라 마음도 열어주니 더없이 좋다. 차를 한 모금 마시고 차 맛에 대해 이야기를 나누다 보면 자연스럽게 말문이 열리니 이 또한 서로 부담을 느끼지 않아 편안하고 좋다.

내 방 가운데 있는 회의 테이블에는 항상 보이차와 다구가 준비되어 있다. 물에 닿아도 쉽게 변형되지 않고 집무실에서 직접 차를 대접할 수 있는 다구들을 고르기 위해, 상하이에 있는 시장에서 한나절 발품을 팔아 마음에 쏙 드는 적갈색 방향무늬의 다반을 골랐다. 7년 넘게 사용하고 있는데 시간이 지날수록 그 빛깔이 더 고와지는 듯하다. 처음에는 중국에 있는 지인들에게 부탁해서 보이차를 공급받았지만 직접 차를 고르는 법을 익혀서 일일이 검증을 하기도 했다. 하지만 그 또한 번거로운 일이었는데, 중국의 지인들이 사업차 중국을 오갈 때마다 선물로 가져다주어서 언제든 맛있는 차를 즐길 수 있게 되었다.

외부에서 손님이 오시면 가장 먼저 하는 일이 찻물을 데우고 대접하는 일이다. 편하게 마음을 내려놓고 이야기를 시작할 수 있도록 하기 위함이다. 처음 나와 차를 마시는 사람은 차 도구를 보고는 차 마시는 방식을 몰라 걱정하곤 한다. 다도를 모르니 차 마시는 법을 알려달라고 청하기도 한다. 그러면 나는 "그냥 맛있게 드시면 돼요"라고 말한다. 차를 함께 나누는 사람에 대한 감사와 그 시간의 소중함을 알고 기분 좋게 차를 마시는 것으로 충분하지 않을까?

중소기업이나 벤처기업을 이끌고 있는 리더라면 특히 인간적인 접근이 필요하다고 본다. 경영 전략보다 단연 사람이 우선이기 때문이다. 규모가 작을수록 한 사람 한 사람이 매우 중요하다. 우선 직원 개개인에 대해서 인간적으로 다가가고 서로의 거리를 좁히면 하나같이 내 가족 같은 생각이 든다. 그 사람의 여러 면모가 눈에 훤하게 들어오게 되고, 어떻게 개인적인 자극을 주고 성장시킬 것인가를 고민하게 된다. 직원이 단순히 회사의 도구적 존재가 아닌 회사와 일과 더불어 변화하고 성장하는 삶의 주체가 되는 것이다.

요즈음 나의 또 다른 목표는 조직의 의식 수준을 높이는 것이다. 이는 캐러션(CARROTian: 우리 회사에서는 서로를 캐러션(당근인)이라고 부른다) 개개인들의 의식이 고양되어야 가능한 일이다. 조직 구성원들이 일과 삶을 분리하지 않는 태도를 가지고 의식 수준을 높인다면 우리 주위에서 볼 수 있는 많은 소모적인 논쟁들이 더 이상 문제가 되지 않을 것이라고 믿기 때문이다. 이제 일터는 생산을 통해 결핍을 충족하는, 생존만을 위한 공간이어서는 안 된다. 일이라는 매개를 통해 개인의 삶을 더욱 살찌우고 존재 가치를 실현하는 의식의 장이 되어야 한다. 이런 조직에서 최고경영자의 역할은 CEO(Chief Executive Officer: 최고실행자)보다는 높은 기준의 도덕성과 의식을 가진 CSO(Chief Spiritual Officer: 영성 리더)에 가깝다고 볼 수 있다. 어쩌면 이는 오늘을 살아가는 모든 리더들에게 주어진 매우 중요한 도전일 수 있다.

고민과 문제의
유효기간

　　　　　　　　　사업 초기에 내 머리는 24시간 깨어 있었다. 끊임없이 떠오르는 사업 아이디어들과 이런저런 생각들이 주체할 수 없을 정도로 뿜어져 나왔다. 신기하게도 아이디어들은 생각하면 할수록 더욱 빨려들어가고, 집착은 상상을 현실인 것처럼 착각하게 한다. 인간의 뇌는 꿈과 현실을 구분하지 못하기 때문이다. 이룰 수 없는 꿈을 향해 무모하게 도전하는, 돈키호테 같은 삶이 가능한 이유이기도 하다. 하지만 시간이 지나면서 넘쳐나는 생각을 다 정리하지 못하고 할지 말지를 결정하지 못하는 상황이 스트레스로 다가오기 시작했다.
　　하루하루 생존의 외나무다리를 건너고 있는 창업 초기의 현실을 감안할 때 당장 실현하기 어려운 아이디어들을 붙들고 씨름하는 것은 위험할 수도 있다는 판단이 들었다. 어떤 식으로든 생각을 정리할 필요가 있었다. 그래서 이 주체할 수 없는 아이디어들을 어떻게 처리할까 고민하다가, 먼저 생각나는 아이디어들을 쪽지나 스케치 메모를 작성하여 한곳에 모아두기로 했다. 마음을 먹은 즉시 빈 사각티슈통에 'IDEA BOX'라고 써놓고 그 안에 무조건 담기 시작했다. 순간순간 섬광처럼 떠오른 아이디어를 메모한 후 상자 안에 넣어두고, 일정 기간 동안 그 생각을 잊기로 한 것이다. 어느 정도 시간이 흐른 후 다시 상자를 열어 그 아이디어를 어떻게 할 것인지를 판단했다. 이후 한 달에 한 번 정도 아이디어 상자를 열어보는 나만의 재미있는 의식을 가졌다. 그런데 놀랍게도 밤잠을 설칠 정도로 고민했던 아이디어들이 한 달 뒤에 열어보면 현실과 동떨어져 있거나 그다지 창의적이지 않은 경우가 의외로 많았다.

    직원이 20명 이내인 작은 조직에서 사장은 그야말로 슈퍼맨이 될 수밖에 없다. 그때까지 나는 인사, 총무, 회계 일을 거의 도맡아서 했다. 한 달 동안 회사에서 발생한 모든 영수증 처리와 경비정산은 매달 마지막 주 토요일과 일요일에 출근하여 한꺼번에 몰아서 했다. 이렇게 해서 간접인력을 최소한으로 유지했다. 하지만 조직규모가 20명이 넘어서면서 사장과 일대일 관계에 의존하는 조직관리 방식은 체계적인 원칙과 시스템으로 전환해야 하는 시점이므로 내부 갈등이나 균열이 생기지 않도록 주의해야 한다. 따라서 사장은 표정만 봐도 그 사람의 생각이나 상태를 알 수 있을 정도로 세심한 관심을 기울이고 살펴야 한다. 한 사람 한 사람이 곧 조직의 역량이며 회사에 미치는 영향이 크기 때문이다.

특히 사람에 대한 문제는 민감하면서도 쉽게 답이 나오지 않는 경우가 많았다. 한 개인의 문제는 또 다른 개인과 상황이 연계되어 복잡한 문제를 만들어내곤 한다. 그렇다고 이러한 이슈들에 계속 매여 있노라면 스트레스가 가중될 뿐만 아니라 의기소침해지고 정말 중요한 문제에 대한 방향을 놓치기 십상이다. 그래서 고민하다 또 하나의 빈 사각티슈통을 가져다놓고 흰 종이를 덧대어 큼지막하게 'WHAT IS THE PROBLEM?'이라고 써놓았다.

이렇게 두 개의 사각티슈통은 오랜 시간 동안 내 곁에서 함께 했으며, 한 달에 한 번씩 나만의 개봉 의식을 가졌다. 놀라운 사실은 문제의 상자에 넣어둔 갖가지 문제들이 상자를 개봉할 때쯤에는 이미 자연스럽게 해결되었거나 더 이상 문제가 아닌 경우가 많았다는 것이다.

때로는 뜻하지 않은 문제에 봉착하는 경우도 생긴다. 한번은 지인의 소개를 통해 한 스포츠신문에 광고를 낸 적이 있었다. 그런데 광고 횟수 등이 처음에 이야기한 것과 다르게 집행된 후 광고비가 청구되었다. 애초의 계약과는 다르니 광고비를 조정해야 한다고 판단했다. 그런데 해당 신문사는 법무팀을 내세워 압박해왔다. 청구 금액이 250만 원 정도였는데 나로서는 적은 액수도 아닐뿐더러 협박 아닌 협박까지 받으니 도저히 굴복할 수 없다고 생각했다. 내용증명 한 번 보내본 경험이 없던 나에게는 몹시 골치 아픈 일이었다. 그렇다고 변호사를 선임할 수도 없는 노릇이라 내가 직접 그 일을 처리하게 되었다. 마치 골리앗과 다윗의 싸움 같았다. 하지만 끝까지 포기하지 않았고 몇 달에 걸친 갈등 끝에 재판정에서 조정을 받아냈다. 그렇게 송사의 홍역을 치르긴 했지만 기업 활동에서 생길 수 있는 법적인 문제를 어떻게 대처하면 좋을지에 대한 좋은 경험이 되었다.

무엇보다 가장 해결하기 어려운 문제는 바로 조직 구성원들 사이에 발생하는 갈등이다. 이는 직원들의 업무와 회사 만족도를 저해할 뿐만 아니라 해결점을 찾기도 쉽지 않다. 이러한 갈등 상황은 수평문화를 지향하는 당근의 조직 문화에서 가장 경계해야 할 것 중 하나인데, 일단 관계 문제가 발생하면 팀워크가 깨질 뿐만 아니라 회사 분위기가 냉랭해진다. 교육회사의 특성상 여성 구성원이 많아서인지 민감도가 더 컸고, 아무리 잘 중재하고 해결하려고 노력해도 헛수고로 끝나는 경우가 많았다.

깊은 관계 갈등의 골은 곧 한 사람의 퇴사로 이어지는데, 특히 고객을 관리하는 직원이 퇴사하는 경우에는 바로 고객의 컴플레인이나 그동안 힘들게 쌓아온 신뢰와 역량의 손실로 직결된다.

고객 접점에서 업무 역량이 매우 뛰어난 직원이 있었다. 일처리 속도가 빠른 데다 관련 직종에서 근무한 경력이 있어 빠른 시간 안에 회사에서 최고의 성과를 냈다. 하지만 이 직원에게는 고치기 어려운 개인적 특성이 있었는데, 사람관계에서 아군과 적군을 나눈다는 것이었다. 문제는 시간이 지날수록 더 많은 사람을 적으로 만들었고, 몇 명을 제외한 모든 직원들과 등을 돌리는 상황이 되었다. 한 사람의 잘못된 생각과 행동이 팀워크와 조직 운영에 심각한 영향을 끼치게 되었지만 자신은 피해자라고 주장했다. 면담을 하는 자리에서는 억울함을 호소하며 눈물을 흘리기까지 했다. 나는 능력이 뛰어난 개인을 보호하고 직원의 발전 가능성을 생각해서 적극적으로 옹호하면서 화합을 도모했지만 그 직원은 결국 3년을 버티지 못하고 회사를 떠났다.

그후 1년이 지난 어느 날 그 직원에게서 연락이 왔다. 그동안 많은 생각을 했고 다시 받아주면 훨씬 더 성숙한 모습으로 일할 수 있다고 했다. 1년의 시간이 지났고 본인의 강한 의지를 확인한 나는 그에게 다시 기회를 주기로 했다. 하지만 사람이 변하기는 정말 쉽지 않은 일인 듯했다. 시간이 지나면서 그는 다시 예전의 모습으로 돌아갔다. 편 가르기와 관계 갈등 문제가 또다시 일어나 사업부서장과 나를 고민하게 했고, 결국 그는 1년 반 만에 회사를 떠났다.

  그 직원을 떠나보낼 즈음, 사무실 한구석에 놓여 있던 오래된 WHAT'S THE PROBLEM BOX를 정리하면서 몇 년 전에 넣어둔 색 바랜 메모지를 발견했다. 뒤집어보니 그 직원의 이름이 큼지막하게 적혀 있었다. 그 순간 사람에 대한 많은 생각이 스치면서 쓴웃음을 지을 수밖에 없었다.

왜
수평문화인가?

"안녕하세요, 제임스 님!"
"잘 지내죠? 크리스탈 님!"

어디서나 마주치는 캐러션들은 나를 제임스라고 부른다. 나 또한 자연스럽게 그들의 영어 이름을 부른다. 우리에게는 익숙한 광경이지만 처음 보는 사람들에게는 다소 낯설 수 있다.

당근은 초창기부터 수평문화를 지향했으며, 이를 성공적으로 정착시키기 위해 가장 먼저 시도한 것이 영어 이름으로 호칭을 바꾼 것이었다. 직급 없이 이름을 부르는 것도 고려했으나, 한국 사람들의 문화적 습성상 어색하고 불편할 수 있다고 판단해 아예 영어 이름을 부르기로 한 것이다. 신입 직원들은 처음에는 조금 어색해하지만 금세 이런 문화에 적응했다.

이렇게 직급을 부르지 않고 편한 분위기에서 일을 하기 때문에 처음 회사를 방문하는 사람은 누가 책임자고 누가 사원인지 명함을 받아들기 전에는 잘 모른다.

나이가 좀 들어 보이는 직원과 내가 함께 있으면 직원에게 먼저 다가가 인사를 하는 손님도 있다. 그를 사장으로 생각한 것이다. 머쓱해하고 당황하는 모습이 우리에게는 꽤 익숙한 풍경이다.

때로는 수평문화에 대한 잘못된 이해로 혼란이 생기기도 한다. 어떤 직원들은 수평문화를 서열의 평등으로 해석하고, 의무보다 권리를 앞세우기도 한다. 자칫 잘못하면 신입 사원이나 기존 사원 간에 또는 일반직원과 리더 계층 간에 보이지 않는 미묘한 관계 갈등이 생길 수도 있다. 이런 오해는 대부분 왜 우리가 수평문화를 지향하는지 그 이유를 제대로 인식하지 못하기 때문에 생긴다. 우리가 수평문화를 지향하는 가장 중요한 이유는 직급이나 나이에 상관없이 개인의 잠재력과 창의성을 마음껏 발휘할 수 있도록 하기 위해서다. 이를 위해서는 구성원 간의 투명성과 소통이 전제되어야 하는데, 직급과 호칭의 벽이 소통을 가로막는 위계적 조직 문화에서는 한계가 있을 수밖에 없다.

미국에서 경영학을 공부하면서 세계적인 글로벌 기업들의 성공 사례를 접할 기회가 많았다. 나는 다양한 발표와 토론을 거치면서 성공 사례들의 공통된 핵심이 무엇인지 해답을 찾기 위한 사금질을 계속했다.

결국 나는 서로 다른 모습을 가진 수많은 성공 사례들 속에서 두 가지 핵심 개념을 걸러낼 수 있었다. 그것은 바로 조직의 투명성과 소통(Transparency & Communication)이었다. 이 두 가지는 조직이 역동적으로 살아 숨 쉬고 창의성을 발휘하는 데 없어서는 안 되는 요소였다. 이렇게 2년 동안 공부하면서 얻은 것을 가슴 깊이 새겨두었고, 당근을 창업하면서 가장 중요한 경영 철학으로 삼았다.

21세기 지식사회가 요구하는 역동적이고 창의적인 조직은 개방적이고 과감한 커뮤니케이션이 흐르는 조직이다. 위계질서를 강조하는 조직 구조에서는 직급을 뛰어넘는 창의성이 나오기 어렵기 때문이다. 위계질서가 중심이 되는 조직에서는 직원이 설사 좋은 아이디어를 가지고 있다 하더라도 통찰력 있는 상사의 관심과 지지를 얻지 못한다면 빛을 보지 못하고 묵살되기 쉽다. 많은 회사들이 이러한 악순환의 고리를 잘 알고 있음에도 쉽게 극복하지 못한다. 다양한 시도에도 번번이 실패하기 쉬운 게 현실이다.

당근도 예외는 아니었다. 이러한 수평문화가 기능적으로 잘 수행되기 위해서는 먼저 우리 스스로를 극복해야 했다. 이 과정에서 무엇보다 직급이 높은 리더 계층이 어려움을 토로했다.

"제임스 님, 회사의 경영 철학은 이해하지만 수평문화 속에서는 아랫사람을 통솔하기가 쉽지 않습니다."

"도대체 팀장의 말이 먹혀야 일을 하지요! 당근에서는 팀장 노릇 하기가 너무 어렵습니다."

몇 년 전까지만 해도 종종 이런 하소연이 들려왔다. 하지만 지금은 그런 리더를 찾아볼 수 없을 만큼 조직 문화가 성숙해졌다. 서로에 대한 신뢰와 존중, 합리적 의사소통 방식을 지속적으로 추구한 결과라고 생각한다. 지금이야 수평문화가 정착한 까닭에 너무나 당연한 일이 되었지만 돌아보면 수많은 시행착오를 거쳤고, 그만큼 어려움도 많았다. 하지만 그 어떤 어려움에도 수평문화를 구축하겠다는 생각은 흔들리지 않았기에 포기하지 않고 꾸준히 추구했다. 그런 노력 덕분에 수평문화는 당근의 상징적인 조직 문화가 되었다. 무엇보다 수평문화 정착의 성공 여부는 상호 존중과 조직에 대한 신뢰를 전제로 한다.

이런 수평문화가 집단적 창의성으로 이어지기 위해서는 소통의 투명성이 전제되어야 한다. 그래야만 정보가 생명력을 가지고 흐를 수 있다. 당근은 개인의 인사 사항을 제외하고는 회사의 주요 마케팅 정보와 매출과 관련된 회계 정보, 업데이트되는 회사의 모든 콘텐츠, 각 부서의 주요 이슈와 업무 진행 현황까지 모든 것을 인트라넷인 '당근농장'에서 실시간으로 공유하고 있다. 처음에는 이런 정보를 모든 직원들에게 실시간으로 공개하는 것이 다소 두렵기도 했지만 일단 몇 가지를 보완한 후 공개하는 것을 원칙으로 정했다. 따라서 정보의 독점이 불가능해 부서 간에 높은 벽을 칠 수 없을 뿐만 아니라, 정보의 소유를 통해서 자신의 지위를 고수하는 것도 애당초 불가능하다. 신입 사원이나 직급이 낮은 사원들도 회사 정보를 동등하게 검색하고 인지할 수 있기 때문에 가장 빠른 시간에 최적의 방법으로 문제를 해결할 수 있게 된다. 그 효과는 기대 이상이었다.

온몸으로 시장을 경험하다

사업을 시작해서 매출을 발생시킨다는 것은 신선한 경험이자 그 자체가 기적이다. 길거리에 나가 남의 주머니에 손을 넣고 만 원을 꺼낸다면 뺨을 맞거나 도둑으로 몰려 철창 신세를 져야 할 것이다. 반면에 돈 만 원을 길에 흘렸거나 어디선가 거스름돈을 돌려받지 않고 나왔을 때 우리 마음은 손실감으로 만 원의 가치보다 훨씬 큰 상처를 입는다. 하물며 내가 만든 콘텐츠와 서비스로 고객이 스스로 지갑을 열어 몇 만 원을 결제하게 하는 것은 실로 놀라운 경험이다. 그 속에는 돈이 아닌 사람의 마음을 움직이는 기적이 작동하고 있는 것이다.

당근이 시장에 내놓은 첫 번째 상품은 언제 어디서나 전화를 걸어 해외에 있는 원어민 강사와 공부할 수 있는 일명 '애니콜' 서비스였다. 영어 공부는 크게 리셉티브(receptive) 영역과 프로덕티브(productive) 영역으로 나눌 수 있다. 리셉티브는 주로 문법이나 독해 청취와 같이 이해와 관련된 영역이고, 프로덕티브는 말하고 쓰는 것과 같은 영역이다. 뇌에서 차지하는 영역도 전자는 베로니카 영역으로 귀 위쪽 측두엽에 위치해 있고, 후자는 브로카 영역으로 머리 중앙에 위치한 운동 영역인 두정엽 쪽에 있다. 따라서 문법이나 독해와 씨름하는 기존의 영어 공부 방법으로는 말하기와 같은 브로카 영역을 훈련할 수 없다. 사용하는 뇌의 근육이 다르기 때문이다. 이러한 한계를 극복하기 위해서는 원어민과 언제든 실전 연습을 할 수 있는 말하기 환경을 구축하는 것이 핵심이다.

이를 위해서는 미국이나 호주 등 영어를 모국어로 사용하는 해외에 원격교육센터를 만들고, 전화 한 통이면 양질의 강사에게 연결되어 영어를 배울 수 있는 시스템을 갖추어야 했다. 문제는 값비싼 국제전화비였다. 이를 극복하기 위해서 당시 막 상용화되기 시작한 인터넷 음성통화 기술(VoIP)이 필요했고, 나는 이 기술을 가지고 있는 벤처기업들을 찾아다니며 기술 개발자들과 수많은 테스트를 실시했다. 이렇게 만든 VoIp 보드를 가지고 호주 사무실로 날아갔다.

지금 돌이켜보면 참으로 무모한 일이었지만, 당시 사무실 컴퓨터에 전화선과 인터넷선을 연결하고 호주 멜버른과 미국 워싱턴 주에 있는 원격교육센터에도 동일한 형태의 VoIP 솔루션을 장착하고 연결함으로써 머릿속으로만 생각하던 서비스를 구현해냈다. 우리는 비즈니스 모델 특허를 출원하고 성공에 대한 기대감에 밤낮을 가리지 않고 야심차게 준비했다.

흔히 가게를 새로 열거나 사업을 시작하는 사람들은 제품을 내놓거나 서비스를 시작하면 고객들이 몰려들 것이라는 환상에 빠지기 십상이다. 하지만 냉혹한 시장의 현실에서 이러한 꿈은 일장춘몽처럼 하루아침에 사라졌다. 조급한 마음에 보험을 팔듯 지인들을 찾아다니며 서비스를 사달라고 애원했지만, 지인을 통한 강매 방식은 사업에 도움이 되지 않았을 뿐만 아니라 마음까지도 위축되는 결과만 초래했다. 호주 센터에는 4~5명의 원어민 강사가 전화벨이 울리기를 기다리며 상시 대기했는데, 이들이 사무실에 나와 있는 시간은 곧 돈이었다. 이 때문에 하루 종일 내 속은 타들어갔고, 직원들은 그런 나만 쳐다보고 있었다. 어떤 때는 직원들을 데리고 길거리에 나가 수세미라도 팔아볼까 하는 마음이 들기도 했다. 동네 구멍가게를 들어갔다 나올 때면, 이 아주머니도 우리보다는 낫겠구나 하는 생각에 허탈하기도 했었다.

어떻게든 방법을 찾아야 했다. 홍보지를 만들어 아파트 단지를 전전하는 것도 나의 일이었다. 먼저 교육열이 높은 목동의 학원 중심가 근처 아파트를 전략적 목표로 삼았다. 한여름에 배낭과 쇼핑백에 전단지를 가득 넣고 아파트 경비원의 눈치를 살피며 1층부터 꼭대기층까지 현관문 안으로 전단지를 넣었다. 경비원한테 들키기라도 하면 여지없이 한소리를 듣고 얼른 그 자리를 벗어나야 했다. 한없이 고개를 숙이며, '죄송합니다'와 '한 번만 돌리고 갈게요'를 반복하곤 했다. 그때는 그나마 지금처럼 아파트 입구에 보안 시스템이 없었기에 가능했다. 저녁에는 강남과 종로의 학원가로 나가 원어민 전화 영어와 당근영어를 알리기 위한 홍보 전단지를 수없이 돌렸다. 이렇게 뛰어다닐 때는 오히려 힘이 났다. 하지만 아파트 단지와 학원가를 휩쓸고 돌아도 사무실에 전화벨 소리가 울리지 않으면 정말 맥이 빠졌다.

온라인 마케팅은 상대적으로 효과가 있었다. 지금은 '전화 영어'라는 단어를 네이버 검색어 창에 입력하면 100개도 넘는 업체가 뜬다. 게다가 조금 눈에 띄게 자리를 잡으려면 월 수백만 원씩의 비용을 지불해야 한다. 하지만 당시에는 우리가 처음으로 도입한 서비스 모델이었기 때문에 광고비 한푼 안 들였는데도 '당근영어'가 야후, 다음, 네이버의 첫 페이지 상단에 노출되었다.

이승하라는 첫 고객의 이름은 지금도 기억한다. 당시 중학교

1학년 학생이었는데, 영어를 무척이나 좋아해서 선불카드처럼 언제든 전화를 걸어 원어민 선생으로부터 1:1 말하기 훈련을 받을 수 있는 '애니콜 서비스'를 많이 이용했다. 신길동의 한 내과 의사 선생님은 우리와 친해져 토요일 오후면 가끔씩 회사에 들러 자장면을 나눠 먹는 사이가 되었고, 방학 때는 초등학생 아들을 미국에 있는 강사 집에 한 달씩 보내기도 했다. 초기에 우리는 고객 한 명 한 명과 가까운 지인이나 친구처럼 관계를 형성해나갔다. 하나둘 고객의 전화가 늘어나기 시작했고, 우리는 고객의 요구가 무엇이든 우리가 할 수 있는 최고의 수준에서 온 힘을 다했다.

지금도 종종 초창기 고객들을 떠올리곤 한다. 그분들은 지금 어디에서 무엇을 하고 있을까? 학생들은 어엿한 성년이 되어 훌륭한 인재가 되어 있을 것이라는 상상도 해본다. 언제나 그들에게 고마운 마음을 잊지 않고 있다.

커뮤니케이션 서약?

　　　　　　　　　　엘리베이터에서, 복도에서, 화장실에서 직원들과 자주 마주친다. 잠깐 짬이 날 때면 일부러 사무실을 돌아다니며 캐러션들과 눈인사를 하거나 이런저런 담소를 나누기도 한다. 그런데 가끔 직원들 사이에서 묘한 분위기를 감지할 때가 있다. 같은 사업부 소속인데 왠지 표정이나 몸짓이 불편해 보이거나, 대화를 나누고는 있지만 말투가 부드럽게 들리지 않는다.

　'뭔가 문제가 있구나! 업무 때문인가? 아니면 성격이나 일하는 스타일이 충돌했나?'

　그렇다고 내가 일일이 나서서 아는 척을 할 수도 없다. 나보다는 부서의 리더들이 잘 감지하고 해결해나갈 일이기 때문이다.

당근의 수평문화는 많은 시행착오를 겪으면서 정착해왔다. 허물없는 소통으로 부서 간, 계층 간 벽을 없애고 정보 교류가 활발해지는 장점은 매우 컸다. 하지만 수평문화를 지향하면서 생긴 복병도 있었다. 조직에 대한 불만이나 개인에 대한 비방 등 어디선가 뜬소문이 생기면 아주 빠른 속도로 조직 곳곳으로 퍼져 나가는 것이었다. 특정인에 대한 뜬소문은 순식간에 퍼져서 개인에게도 조직에도 난처한 경우가 여러 번 있었고, 이런 일로 인해 회사를 떠나는 직원이 생기기도 했다. 그렇다고 뜬소문이 시작된 문제의 조직에 대해 소통을 막고 제재할 수도 없는 노릇이었다.

시간이 지나고 직원 수가 늘면서 문제는 점점 심각해졌다. 오해로 한번 틀어진 관계는 회복하기가 쉽지 않다. 특히 여성 직원이 절반 이상 차지하는 우리 회사의 특성상 이런 부분은 매우 민감할 수밖에 없었다. 관계와 일을 대하는 관점에서 남성과 여성은 분명한 차이가 있는 듯하다. 남성은 주어진 목표를 향해 충실하게 움직이는 데 비해 여성은 상황과 관계 중심으로 움직인다. 관계 갈등은 수면 위로 떠오르기 전까지는 제대로 파악하기 어렵다. 그런데 일단 문제로 인식되기 시작할 때쯤이면 이미 감정의 골이 깊어질 대로 깊어져 손쓰기가 어렵다. 당사자 모두 마음의 상처를 입고 에너지는 바닥이 나 지칠 대로 지친 상황이 된다. 이쯤 되면 일의 성과를 떠나 회사에 나오는 것 자체가 고통일 수밖에 없다.

이런 일이 여러 번 반복되자, 고민 끝에 생각해낸 것이 바로 '커뮤니케이션 서약서'다. 일대일로 올바른 소통을 위한 다짐을 하는 의식을 만든 것이다. 신입 직원부터 임원까지 해마다 연봉계약 시에 커뮤니케이션 서약서를 낭독하고 서명한다. 핵심은 다른 사람을 비방하지 않고 회사 내에서 부정적인 커뮤니케이션을 생산하거나 동조하지 않으며, 긍정적이고 생산적인 조직 문화를 만들어가는 데 적극적으로 동참하겠다는 약속이다. 이를 위반하는 경우 인사상 불이익을 당할 수 있다는 점도 명확히 했다.

사람은 어떤 일에 대해 문서화하고 책임을 져야 한다고 생각하면 이를 지키려고 노력한다. 커뮤니케이션 서약서는 조직의 안정을 위한 불가피한 선택이었고, 회사와 구성원 모두 일하기 좋은 환경과 분위기를 만들려는 노력을 다짐하는 일환이었다. 그런 공감대가 형성된 덕분에 커뮤니케이션 서약서는 당근의 소통문화에 보이지 않는 힘으로 작용하고 있다. 개인들은 1년에 한 번씩 서약서를 낭독하고 서명함으로써 긍정적 소통의 중요성을 다시금 상기하게 되고, 동시에 자신이 서약한 내용을 지키려는 노력을 자연스럽게 하게 된다. 마치 한줄기 빛이 들어 어둠을 몰아내는 것과 같다. 일반 직원들의 서약은 인사 책임자가 맡고, 리더들의 서약은 내가 직접 받는다.

많은 경우 잘못된 소통의 시작은 내면에 있는 무의식적인 태도나 과거의 상처에서 비롯되며, 상황에 따라 동료를 비난하거나 공격하는 형태로 나타날 수 있다. 따라서 커뮤니케이션에 투명성 원칙을 적용하고, 관련된 사람들과는 동시에 공개적으로 소통하는 원칙을 지키도록 했다. 우리는 이를 '하이퍼 커뮤니케이션(hyper-communication)'이라고 부른다. 하이퍼커뮤니케이션은 관련된 모든 사람들과 동시에 커뮤니케이션을 하는 것이다. 커뮤니케이션이 공개되기 때문에 무의식적으로 나오는 감정을 스스로 모니터링하고 셀프 피드백을 할 수 있다. 따지고 보면 회사에서 일을 하면서 공개하지 못하고 은밀하게 진행해야 할 사항은 거의 없다고 본다.

이율배반적인 이야기 같지만 실제로 오늘날의 지식 기반 조직이 산업사회의 전통적인 조직보다 직원들의 충성심과 희생에 더 목마른 것이 사실이다. 왜냐하면 창의성 같은 회사의 핵심 부가가치는 기계가 아닌 사람에게서 나오기 때문이다.

조직심리학자 윌리엄 G. 스콧(William G. Scott)은 조직에 대한 충성심을 다음 세 가지로 정의했다. 첫째 조직에 헌신하는 것. 둘째 다른 집단 구성원에게 자기 집단을 비판하지 않는 것. 셋째 경쟁에서 다른 집단을 앞서기 위해 열심히 일하는 것.

 많은 기업에서 경영 혁신의 일환으로 조직 진단을 해보면, 더 나은 조직을 만들기 위해 가장 먼저 풀어야 할 과제로 조직 내 소통 문제를 꼽는다. 물론 회사 경영진들은 이를 잘 알고 있고 이 문제를 해결하기 위해 다양한 노력을 기울이고 있음이 분명하다. 그런데도 많은 조직 구성원들은 여전히 소통의 문제로 고민하고 있으며, 극단적인 경우 이 때문에 조직을 떠나기도 한다. 경영진이 생각하는 소통과 조직 구성원이 느끼는 소통의 간격은 생각보다 매우 크다. 이는 소통에 대한 문제를 조직과 개인이 동시에 인식하고 있음에도, 조직이 소통 문제를 해결해주는 시스템을 갖추지 못하고 있기 때문이다. 분명한 점은 사장과 직원들이 퇴근 후 맥주 파티를 한다거나 1년에 한두 번 운동장에서 함께 땀을 흘린다고 해서 소통의 문제가 해결되지는 않는다는 것이다. 이런 형태의 소통 경영이 신문에 보도되는 경우가 종종 있는데, 이런 기사를 볼 때마다 아쉬움이 든다. 조직의 소통문화는 이벤트일 수 없기 때문이다.

 소통경영이라고 할 때는 상하 간의 소통, 조직과 구성원 간의 소통, 구성원 간의 소통 등 다양한 각도에서 소통을 바라봐야 한다. 그리고 최고경영자에서부터 말단 직원까지 소통의 원칙을 일관되게 공유하고 내면화하는 작업이 먼저 이루어져야만 한다.

소통의 문제는 시스템을 만든다고 단번에 해결할 수 있는 것이 아니다. 경영자가 강한 의지를 가지고 신속하게 추진한다고 가능한 일도 아니다. 소통은 절대 일방적으로는 이루어질 수 없다. 소통은 기업의 확고한 철학 아래 조직과 개인, 개인과 개인이 서로 존중하고 배려하는 정신을 바탕으로, 지속적인 노력과 보이지 않는 상호작용의 결과로 나타나는 것이다.

소통은 곧 원칙이자 문화다.

세계적인 석학들을 초청하다

　　　　　　　　　　작은 체구에 수염이 덥수룩한 폴 크루그먼 교수.

　2012년 10월 12일. 노벨경제학상 수상자이자, 미국의 대표적인 진보경제학자 폴 크루그먼 교수가 강단에 올라서자 환호성과 함께 박수가 터져나왔다. 그의 강의에 대한 기대감을 느낄 수 있는 장면이었다. 폴 크루그먼 교수는 《새로운 미래를 말하다》의 저자이기도 하며 기업인들은 물론이고 경제학을 공부하는 학생들에게도 인지도가 높은 경제학자다.

　그가 '경제민주화, 과연 어떻게 가능한가?'라는 주제를 가지고, 처음으로 한국의 대학에서 특강을 했다. 당시 우리나라는 대통령 선거를 앞두고 경제민주화가 매우 중요한 이슈이자 화두였다. 따라서 경제민주화에 대해서 세계적인 석학은 과연 어떤 이야기를 할 것인가에 각계각층의 관심이 모아졌다. 1800여 석의 대학 강당은 학생들은 물론이고 외부에서 강의를 들으러 온 사람들로 가득 찼다. 자리가 없어 통로까지 꽉 들어찬 청중들로 강당의 열기는 뜨거웠다.

석학 초청 프로그램은 당근이 추진하는 사회적 기여 프로그램 중 하나다. 젊은이들에게 세계적인 석학과 만나는 접점을 만들어줌으로써 영감과 통찰을 얻을 수 있는 기회를 주기 위해서다. 이 프로그램은 5년 전에 기획하여 기금을 형성했으며, 매년 노벨상 수상자나 그에 버금가는 세계적 수준의 석학들을 초청하는 행사다. 나는 젊은 학생들이 평생을 한 분야의 연구에 바쳐온 석학들로부터 단순히 지식을 배우는 것이 아니라 그 너머의 인생 역정과 문제에 직면하는 태도, 성취에 대한 집념, 삶의 통찰 같은 것들을 교감하기를 바랐다.

크루그먼 교수는 "자유를 지키려면 지속적으로 싸워야 하듯이 경제민주화도 마찬가지다. 방어하지 않으면 잃고 만다"고 역설했는데, 정부 관료들이 제도를 실행함에 있어 투명하고 공정하게 시행하는 것이 관건이라고 단언했다. 소득 불균형을 완화하기 위해 경제민주화가 필요하다는 것을 전제할 때 핵심은 정부의 견제 시스템이 제대로 작동하는가에 있다는 것이다.

이날 강연은 나 개인적으로도 한동안 가지고 있던 몇 가지 문제에 대한 해답의 실마리를 찾을 수 있었던 귀중한 시간이었다. 예를 들면 '보편적 복지냐, 아니면 선택적 복지냐?'에 대한 고민과, 경제민주화에 있어 중소기업과 대기업의 역학관계에 대한 고민이 그것이다. 이 문제들은 사실 나뿐만 아니라 이 시대에 살고 있는 대한민국 사람들에게는 가장 민감한 사안인 만큼, 정치적 관심이나 성향을 떠나 우리 모두의 미래를 위해 무엇이 옳은 접근인가에 대해 나름대로 정리할 필요가 있는 부분이다.

나는 폴 크루그먼 교수의 강의를 들으면서 우리가 일반적으로 이야기하는 복지는 보편적 복지여야 함을 깨달았다. 이것은 정치적 성향과는 별개의 문제였다. 인간의 삶의 질을 향상시키기 위해 의료보험이나 퇴직연금 같은 기본적인 제도는 모든 사람들에게 주어지는 지속 가능한 시스템이 되어야 한다는 그의 주장에 공감했다. 재원의 한계는 어느 수준의 보편적 복지를 시행할 것인가와 관련된 문제라고 볼 수 있다. 이미 사회적 합의에 따라 시행되고 있긴 하지만 아이들의 급식 문제를 둘러싸고 갈등을 겪었던 우리 어른들의 모습은 어찌 보면 부끄러운 일이 아닐 수 없다. 단순히 아이들의 급식 문제를 가지고 다투기 전에 복지철학에 대한 논의가 전제되었어야 했다는 생각이 들었다. 학교 급식은 빈곤 탈출 프로그램이 될 수 없다. 복지로 빈곤을 해결할 수는 없기 때문이다. 여기에는 더욱 강력한 빈곤 구제 프로그램이 필요할 것이다. 철학이 부재하면 현상을 명확하게 진단할 수 없고, 상대의 생각에 대한 이해보다 감정이 앞서게 되는 것 같다.

최근 사회적 이슈가 되고 있는 대기업과 중소기업의 구조적 갈등 문제는 본질적으로 접근하기보다는 정치 논리에 의해 이분법적으로 다뤄지는 것 같아 안타깝다. 이 둘은 시장경제라는 메커니즘 속에서 역동적으로 상호작용하는 경제 주체들이다. 우리는 이제 규모의 딜레마에서 벗어나 '누가 더 많은 사회적 부가가치를 창출하고, 더 높은 도덕적 기준을 가지고 경영에 임하는가'에 논의를 집중해야 할 것이다. 왜냐하면 도덕적 기준이나 사회적 책임의 범위는 대기업 경영자나 중소기업 경영자가 다를 수 없기 때문이다. 창출된 부가가치를 근간으로 직원들에게 더 높은 급여를 제공하고, 교육과 복리후생에 더 많은 관심과 노력을 기울임으로써 중산층을 양산한다는 관점에서 본다면 모든 경영자들은 동등한 사회적 책무를 지고 있는 것이다.

석학의 강의를 들으면서 나는 마음속에 품고 있던 몇 가지 질문들이 해소되는 카타르시스를 경험했다. 강당에 모였던 2000여 명의 대학생들과 일반 청중들이 각자 고민하던 존재와 삶 그리고 사회적 관계에 기초한 문제들을 같이 풀어보고 앞으로 나아갈 방향에 대해서 생각해보는 시간이었다면 그것만으로도 더없이 큰 보람이다.

2013년 9월에는 세계적인 경영 석학 게리 하멜 런던 비즈니스 스쿨 교수를 초청해 '창조경제 시대가 요구하는 변화'를 주제로 한 강연을 들었다. 강연이 끝난 뒤에도 학생들의 질문이 계속되어 게리 하멜 교수는 쉽게 강연장을 떠나지 못했다.

세계적인 석학의 초청 강연과 같은 사회적 기여 활동은 당근이 기업 시민으로서의 의무를 다하는 일인 동시에 젊은이들에게 미래를 꿈꾸게 하고, 더 나은 사회를 만들어나갈 수 있는 장을 제공한다는 점에서 큰 의미가 있다.

안 가본 곳을 가봐야, 안 해본 짓을 하지

　　　　　　　　　홍콩의 관광명소 1번지 피크 트램 아래 자리 잡고 있는 아시아 최고의 밀랍인형 박물관.
　전 세계의 유명 인사들이 실물과 거의 똑같은 모습으로 다양한 포즈를 취한 채 관광객들을 맞이한다. 그런데 그 밀랍인형 인사들이 당근의 단체 티셔츠를 입고 있다. 링컨 대통령, 마릴린 먼로, 이연걸 등 각국의 유명 인사와 배우들이 주홍색 티셔츠를 걸친 채 당근영어를 세계에 알리고 있다.
　"안 가본 곳을 가봐야, 안 해본 짓을 하지!" 캐러선들이 1년에 한 번씩 나가는 글로벌 배낭여행의 슬로건이다. 입사한 지 만 1년이 지난 캐러선들은 매년 팀을 이뤄 외국으로 나간다. 세계 곳곳을 다니면서 새로운 경험을 할 수 있는 기회를 갖는 것이다. 처음에는 3박 4일이지만 세 번째부터는 10일을 쓸 수 있기 때문에 유럽까지 다녀올 수 있다. 우리는 이것을 '아웃팅'이라 부른다.

밀랍인형들이 어째서 당근의 티셔츠를 입고 있었을까? 이는 얼마 전 홍콩으로 아웃팅을 다녀온 직원들이 밀랍인형 박물관에 가서 직접 연출하고 찍어온 동영상 속 화면이다. '전 세계 유명인들이 우리 회사를 홍보한다?' 생각만 해도 즐겁고 신나는 일을 밀랍인형 박물관에서 시도한 것이다.

아웃팅에는 몇 가지 원칙이 있다.

첫째, 누구나 해마다 한 번씩 갈 수 있다. 둘째, 3명 이상이 팀을 이루되, 전년도에 함께 간 사람은 제외한다. 이는 끼리끼리 혹은 친한 동료들만의 여행으로 변질되는 것을 막고, 다양한 구성원이 함께함으로써 여행의 기대감과 역동성을 높이기 위해서다. 셋째, 여행 목표와 계획을 작성하고 미션 수행 결과를 멘토링데이에서 발표한다. 이는 개인의 경험을 모든 캐러셔들이 공유하기 위함이다. 미션 중 하나는 CF 동영상 만들기인데, 특별한 형식이나 내용의 제한 없이 팀원들끼리 다양한 아이디어를 가지고, 현지에서 짧은 CF 하나를 만들면 된다. 어떤 팀은 재래시장에서 당근의 플래카드를 흔들며 돌아다니고, 어떤 팀은 회사 단체 티를 입고 이국의 패션 거리를 활보한다. 올해부터 이 CF는 유튜브에도 공개하기 시작했다. 유튜브에서 'CARROT STORY'를 찾으면 다양한 동영상을 볼 수 있다.

낯선 곳을 여행하다 보면 별의별 에피소드가 많다. 소매치기를 당하기도 하고, 길을 잃기도 하며, 현지 음식이 입에 맞지 않아 고생하기도 한다. 특히 평소 사무실에서 볼 수 없었던 동료의 새로운 모습에 놀라기도 하고, 낯선 환경에서 그동안 가족과 일상에 갇혀 있던 자기 자신을 발견하는 소중한 경험을 한다. 돌아온 후에도 오랜 시간 동안 직원들은 아웃팅을 이야기하며, 여행을 함께했던 동료들과 소중한 추억을 간직하게 된다.

아웃팅을 도입하게 된 계기는 15여 년 전으로 거슬러 올라간다. 런던에서 잠시 프로젝트를 진행한 적이 있는데, 중간에 시간을 내어 도버 해협을 건넜다. 하늘이 유난히 맑은 어느 날, 파리 시내를 구석구석 돌아다니다 노트르담 성당 앞에서 잠시 쉬고 있을 때였다. 한국에서 온 아저씨 몇 명이 배낭을 메고 한 손에는 지도를 든 채 서성이고 있었다. 한국의 한 기업에 다니는 직원들이었는데, 글로벌 체험 교육 프로그램으로 떠나왔다고 했다. 어린아이처럼 호기심 가득한 눈으로 여행을 즐기는 그들을 보면서 나도 언젠가 회사를 경영하게 되면 직원들에게 다양한 문화를 접할 수 있는 기회를 주어야겠다고 다짐했다.

당근이 손익분기점을 넘겼을 때 나는 오랫동안 간직해온 그때의 다짐을 실현하기 위해, 가장 먼저 직원들을 위한 복지제도로 아웃팅 제도를 경영위원회에 상정했다. 당시는 토요일에도 근무를 하던 때였는데, 1년 내내 회사의 성장을 위해 주말도 없이 일하는 직원들에게 돈보다 값진 보상을 해주고 싶은 마음이 간절했기 때문이다.

제도를 만드는 것은 쉽다. 특히 좋은 제도는 누구나 만들고 싶어한다. 중요한 것은 그 제도를 얼마나 지속하느냐다. 회사에 여유가 생기면 새로운 제도를 만들어 시행하다가 조금 상황이 어려워지면 중단하는 경우가 얼마나 많은가? 그래서 거창하게 시작하는 것보다 지속적으로 시행하는 것이 훨씬 더 중요하다.

아웃팅은 비용이 상당히 많이 드는 제도다. 전 직원에게 매년 외국 여행의 기회를 제공한다는 것은 웬만한 기업에서는 시도조차 두려워할 수 있는 일이다. 하지만 나는 비용보다 훨씬 더 큰 가치가 있음을 확신했기에 경영위원들을 설득했다. 그렇게 시작한 아웃팅은 지금까지 10년 넘게 지속되고 있다. 그리고 앞으로도 지속될 당근만의 독특한 문화로 자리 잡고 있다.

최근 들어 이전에 생각하지 못했던 아웃팅의 장점이 하나 더 생겼다. 기혼 여성 직원들이 많아지면서 생긴 일이다. 결혼한 여성들은 혼자서 여행을 떠나기가 쉽지 않다. 가족의 눈치를 봐야 하고, 어린 자녀를 둔 경우에는 더더욱 힘들다. 그런데 아웃팅은 회사의 공식적인 제도이기 때문에 일종의 출장처럼 여행의 명분을 제공해주었다. 1년에 단 며칠 또는 열흘 정도의 아웃팅은 가족들의 배려 없이는 불가능할지도 모른다. 하지만 기혼 여성들의 적극적인 아웃팅 수행은 회사 생활뿐만 아니라 가정 생활에도 더욱 충실할 수 있는 재충전의 기회임이 분명하다.

얼마 전 SNS로 유명한 한 회사가 가입자 1억 명 돌파 기념으로 전 직원 300명이 하와이로 여행을 간다는 신문 기사를 읽었다. 한 직원이 장난으로 이야기한 것이 회사에 소문이 퍼지면서 정말로 가기로 했다는 것이다. 경영진의 통 큰 결단에 박수를 보낸다.

그런데 당근은 해마다 전 직원이 해외로 나간다. 가까운 동남아부터 아메리카 대륙과 유럽까지 세계 곳곳을 누비고 다닌다. 우리에게 아웃팅은 통 큰 이벤트가 아니라, 1년 내내 가슴을 설레게 하는 생활 속 이야깃거리다. 이것이 문화다.

저녁 10시쯤 잠자리에 들려는데 전화벨이 울린다. 스페인으로 아웃팅을 떠나는 직원들이 공항에서 '잘 다녀오겠다고, 고맙다고' 전화 인사를 한다. 짧은 통화지만 행복한 마음이 길게 남는다. 즐거운 아웃팅이 되기를 마음속으로 기도한다. 내가 모든 캐러션들에게 감사할 일이다.

다양성과 역동성이 있는 창조적 난장판

여기저기 회의실과 작은 강의실, 삼삼오오 직원들이 모여 있는 곳이면 어디서든 시끌벅적한 웃음소리가 들린다. 뭐가 그리 재미있고 즐거운지, 슬쩍 엿듣기라도 할라 치면 얼른 딴청을 피운다.

해마다 가을이 되면 벌어지는 사내 풍경이다.

미국의 사회학자 돈 탭스콧(Don Tapscott)은 그의 저서 《디지털의 성장: 인터넷 세대의 등장》이라는 책에서, 가상공간을 무대로 자유분방하게 살아가는 젊은이들을 'N세대(internet generation)'라고 불렀다. 그들은 과거 우리 세대가 성장할 때는 경험하지 못했던 새로운 방식들로 세상을 이해하고 만들어간다. 가상공간을 이용한 소셜 네트워크를 통해서 자신을 표현하는 데 익숙하고, 가상공간에서 관계를 맺으며 정보를 적극적으로 공유한다. 인터넷은 그들이 숨 쉬고 느끼고 즐기는 현실이며 생활 공간이다. 다양한 감정들이 흐르고 서로 교감하면서 자신들만의 문화와 정체성을 만들어간다. 하나의 글에 수백 개, 수천 개의 댓글이 달린다. 이들은 주저 없이 이 시대의 주인이 자신들임을 외친다. 과도한 표현들과 검증되지 않은 극단적인 오피니언들이 존재하는 그곳을 혹자는 '난장판'이라 부르기도 한다.

하지만 나는 이를 '창조적 난장판'이라 부르고 싶다. 새로운 환경에서 생존하기 위해서는 새로운 적응 방식이 필요하다. 젊은이들이 보여주는 '난장판'은 진화하는 인류의 한 시대적 단면처럼 느껴진다. 나는 우리 앞에서 펼쳐지고 있는, 조금은 혼란스러워 보일 수 있는 현상들과 그 결과에 대해 크게 걱정하지 않는다. 다양한 시행착오를 겪으며 좀 더 높은 의식으로 수렴하고 성숙해질 것을 믿기 때문이다. 그들이 벌인 난장판은 다양성과 역동성이 넘치며, 행동으로 옮길 수 있는 사회적 에너지를 내포하고 있다.

나는 당근도 이런 창조적 난장판을 만들어가길 희망한다. 구성원들이 거침없이 자신의 생각들을 뿜어내고, 역동적 수렴의 과정을 거치며, 캐러션으로서의 정체성과 자존감을 느낄 수 있는 시공간이 되었으면 좋겠다. 그리고 우리는 매년 조금씩 더 성숙한 모습으로 창조적 난장판을 재창조하고 있다.

당근에는 동호회가 여럿 있다. 당근밴드(일명 '당밴')부터 영화 동호회, 레포츠 동호회, 아카펠라 동호회, 소수민족 동호회 등이 자발적으로 만들어졌다. 동호회 활동은 업무를 통한 접점이 적거나 평소 교류할 일이 없었던 다른 부서 직원들과 수평적인 교류를 확대함으로써 더 활기찬 조직 문화를 만드는 기폭제가 되고 있다.

해마다 가을이면 당근은 2개의 큰 행사를 준비한다. 하나는 150여 개 고객사를 초청하여 글로벌 교육에 대한 이슈를 공유하고 다양한 교육 기법과 트렌드를 소개하는 글로벌 HRD포럼으로, 10월 중순에 열린다. 내로라하는 대한민국 기업의 교육 담당자들이 대거 참석하는데, 해를 거듭하면서 매우 수준 높은 포럼으로 자리 잡았다. 참석하고자 하는 기업 교육 담당자들도 해마다 늘어나고 있다. 당근이 자부심을 가지고 준비하는 대외 행사라고 할 수 있다.

또 하나의 행사는 1박 2일 동안 진행되는 캐러션 가을운동회와 장기자랑이다. 전 직원이 한곳에 모이는 행사라고 할 수 있다. 특히 장기자랑은 모든 캐러션들이 열외 없이 참여하는데, 준비기간이 무려 한 달이나 된다. 그러다 보니 행사 준비를 위해 삼삼오오 모여 각자 재미있는 아이디어를 내놓기도 하면서, 행사에 대한 기대와 흥분과 즐거움이 회사에 넘친다.

1박 2일간의 운동회와 장기자랑은 캐러션들이 서로를 챙기고 호흡을 맞추며, 유치원 재롱잔치 이후 자신 안에 감춰왔던 '끼'를 마음껏 발산하는 무대가 된다. 팀 구성이나 주제도 자유롭게 정할 수 있다. 연극이나 뮤지컬, 개그, 노래, 춤 등 장르 제한이 없다. 물론 팀을 구성하는 시점부터 주제를 정하고 연습하는 모든 과정에서 치열한 경쟁심이 발동한다. 성격이 다소 내향적이거나 처음 참여하는 직원들은 많이 긴장하기도 한다.

당근의 10월은 캐러션 모두에게 '무언가를 향한 절박함'과 '긴장감'이 공존하는 달이다. 수많은 손님을 초청하는 행사를 준비할 때는 긴장감이 극에 달한다. 그리고 당근의 축제를 준비할 때는 그동안 꼭꼭 숨겨왔던 내면의 열정을 분출하기에 긍정과 희열이 넘친다. 해를 거듭할수록 캐러션들이 이 긴장과 희열을 더욱 멋지게 소화하는 방법을 익혀나가는 것 같다.

장기자랑에서의 황홀감은 준비한 공연을 올리는 순간 무대 위에서 터진다. 모두가 열광하면서 공연에 몰입한다. 무대에서 공연을 하는 사람들이나 무대 밖에서 즐기는 사람들이 모두 일체가 되는 순간이다. 그 순간은 누구나 최고의 희열을 맛본다. 물론 우승이나 입선은 사전에 공개한 합리적인 평가 기준에 의해서 정해진다. 모두 함께 실컷 즐기고 난 후지만 순위는 언제나 민감한 문제가 되기도 한다. 그것은 어쩔 수 없는 사람의 마음일 것이다. 이윽고 '당뺀'의 공연이 마지막을 멋지게 장식한다. 1시간여에 걸친 밴드 공연으로 모두 하나가 되어 장기자랑의 마지막 여운을 끝까지 놓치지 않고 즐긴다. 마지막까지 진을 다 뺀다는 표현이 맞을 것이다. 이렇게 우리는 1년에 한 번씩 자아 속에 가두어진 찌꺼기들을 남김 없이 발산한다.

리더들도 열외는 없다. 팀 구성부터 순위를 발표하고 시상 순간까지 함께 준비하며 직원들과 하나가 된다. 팀의 흥행을 위해 필요하면 기꺼이 망가지는 용기와 배려도 기본이다. 그 어떤 형식에도 얽매이지 않는다. CEO와 경영위원들, 회사 고문들도 참여하여 감추어둔 끼를 보여주며 하나가 되기 위해 노력한다. 이때가 되면 나도 고민에 휩싸인다. 지금도 기억이 생생한 슈퍼맨과 쫄라맨은 경영위원들이 함께 만든 작품이다. 유튜브에서 찾아볼 수 있다. 맨정신으로는 도저히 할 수 없는 공연을 우리 경영위원들은 한 팀이 되어 멋지게 소화해냈다.

한번은 입상을 하지 못한 팀이 속상해하며 심사 결과에 강한 불만을 제기했다. 준비하느라 고생도 많이 했고, 관객의 반응도 좋았다고 판단한 것 같다. 평가가 불공정한 게 아니냐는 항의를 한 사람도 있었다. 그 팀은 글로벌 패션쇼를 했는데, 글래머 캐릭

터로 여장을 한 남자 직원들이 꾸민 무대로 흥행 점수는 만점이었다. 하지만 재미를 위주로 구성하다 보니 관객 호응은 좋았지만 아이디어가 참신하다고 할 수는 없었다. 다른 직원들이 위로하고 달래주어 상황은 마무리되었지만 입상을 하지 못한 아쉬움은 쉽게 사그라지지 않는 듯했다. 이러한 반응마저도 캐러선들의 열정이 자연스럽게 표출된 거라고 생각하기에 그 열정에 감사할 따름이다.

110회의 성장 기록,
멘토링데이

초등학생 아들과 인내력에 대한 이야기를 하면서 자연스럽게 웅녀 이야기를 하게 되었다. 곰은 사람이 되기 위해 100일 동안 동굴에서 마늘과 쑥을 먹으며 견뎌냈는데, 호랑이는 이를 참지 못하고 뛰쳐나왔기 때문에 사람이 될 수 없었다고. 나는 목소리 연기까지 해가며 진지하게 들려주었다. 그런데 이야기를 듣고 있던 아이가 갑자기 크게 웃더니 이렇게 반문했다.

"호랑이는 곰을 잡아먹으면 되는데 왜 뛰쳐나와요?"

순간 나는 당황했지만 애써 웃음 짓고 말았다.

회사 초창기에 한 달 한 달이 버거운 때였다.

넉넉지 않은 급여 이외에 직원들에게 무엇을 줄 수 있을까?

직원들이 일을 사랑하고 회사에 대한 자부심을 갖게 할 방법은 없을까?

직원들은 회사를 통해서 어떤 미래를 설계할 수 있을까?

이런 고민을 수없이 했다. 당장 한 달 한 달 매출 실적이 절실한 상황에서도 이 고민을 멈출 수 없었다. 왜냐하면 내가 직원의 입장이라도 이런 조그만 회사에서 자신의 인생과 미래를 설계하는 것이 쉽지 않다고 생각했기 때문이다. 그러다가 생각해낸 것이 함께 책을 읽는 일이었다. 함께 책을 읽고 함께 꿈을 만들어가고 싶었다.

우선 한 달에 책 한 권 읽는 것을 목표로 정했다. 물론 한 달에 한 권이 충분한 독서량은 아니지만 함께 책을 읽고 토론하면 얻을 수 있는 것은 훨씬 더 많을 것이라고 판단했다. 무엇보다 몇 번의 이벤트로 끝내지 않고 지속해나가는 데 1차적인 목표를 두었다.

책을 읽고 돌아가면서 발표하고 토론하는 형식을 취했다. 개인적으로 책을 읽는 것도 중요하지만 발표와 토론을 통해서 자신의 생각을 다른 사람과 공유하는 것이 더 중요하다고 생각했기 때문이다.

당시 베스트셀러였던 켄 블랜차드의 《칭찬은 고래도 춤추게 한다》를 첫 번째 책으로 선정해 독서 토론을 시작했다. 그리고 매달 마지막 주 토요일을 '멘토링데이'라고 이름 붙여 오전에 모여 열띤 독서 토론을 했다. 어느덧 110회를 넘겼으니 10년 가까이 거르지 않고 진행한 셈이다. 직원들에게는 책을 읽고 완전히 소화해서 발표한다는 것 자체가 쉽지 않은 '도전'이었고, 업무 이외의 스트레스가 더 생겼다고 불평하는 소리도 있었다. 토요일에 나와서 독서 토론을 하는 것 자체가 무리한 요구라고 불평하는 직원도 있었다. 주5일 근무제가 된 지금은 주로 수요일 오후 업무가 끝난 후 멘토링데이를 진행한다.

단군신화에서 100일은 곧 자신을 온전히 '환신' 할 수 있는 고통의 극단이자 새로운 시작을 의미한다고 볼 수 있다. 캐러션들은 지금까지 100개월 넘게 단 한 번도 쉬지 않고 멘토링데이를 진행하면서 '앎과 성장'이라는 목표를 향해 줄기찬 몸부림을 멈추지 않았다. 그렇게 지속해온 결과 지금은 캐러션들 모두 발표와 토론을 즐기며, 그 과정을 역동적인 '소통의 장(場)'으로 승화시켜나가고 있다. 구성원들이 성장하는 모습을 지켜보는 것만으로도 신기하고 놀라운 경험이다.

우리가 책을 읽는 목적은 새로운 지식의 '발견과 적용'에 있다. 몇 권의 책을 읽느냐보다 어떤 책을 어떻게 읽느냐가 훨씬 중요하다고 생각한다. 인류 역사에 기여했던 위인들에게는 삶의 지표가 되어준 결정적인 책 한두 권이 있었다. 같은 주제의 책을 읽고 토론하면서 자신의 생각을 다른 사람들과 공유한다는 것은 '발견의 관점'에서 가장 효과적인 방법이다. 하지만 현실에 '적용'하지 못하는 지식은 결코 자신의 것이 될 수 없다. 실천적 지식만이 나와 주위를 변화시키는 힘이 있기 때문이다.

당근은 멘토링데이를 통해서 회사 내에 학습 조직 문화를 자연스럽게 구축할 수 있었다. 캐러션들에게 성장은 일상의 목표가 된 지 오래다. 자신이 성장하는 것을 느끼며, 동료의 성장을 바라보는 것은 일터에서 얻을 수 있는 가장 큰 행복일 것이다. 그동안 멘토링데이를 통해 자신도 모르는 사이에 삶의 질이 고양되고, 세상을 바라보고 해석하는 가치 기준도 바뀌었을 것이다. 구성원의 의식 수준이 전체적으로 향상된 조직은 개인의 역량을 넘어 집단 지식이 가장 효과적으로 작동하는 메커니즘을 확보할 수 있다. 학습 문화가 잘 정착한 일터에서 개인은 '생존'이 아닌 '성장'을 지향하기 때문이다.

신입 직원은 반드시 《칭찬은 고래도 춤추게 한다》를 읽고 발표해야 한다. 책은 모티프를 제공할 뿐이며, 발제자들은 멋진 소설을 쓰듯 자신만의 스토리를 만들어 다양한 방법으로 발표한다. 단순한 독서 감상의 수준을 뛰어넘은 지 오래다. 그리고 그달에 정한 책을 발표하고 토론을 진행한다. 같은 책을 읽고도 사람마다 얼마나 다르게 흡수하는지를 깨닫게 되는 시간이기도 하다.

어느새 110개월째 멘토링데이를 맞이하고 있다. 우리는 어떤 상황에서도 단 한 번도 중단하거나 미루지 않고 앎의 과정을 지속해왔다. 후배 캐러션들은 앞으로 300회, 500회 멘토링 데이를 이끌어나갈 것이고, 그들의 후배들이 1000회를 이어갈 것이다.

우리 회사의 멘토링데이가 성공적이라는 사실이 알려지면서 여러 회사에서 벤치마킹할 목적으로 멘토링데이를 참관했다. 대부분이 이미 사내 독서 프로그램을 운영하고 있거나 책 읽는 문화를 만들기 위해서 여러 차례 시도한 경험이 있는 회사들이었다. 직원들에게 책을 사주고, 문화상품권을 제공한다든지, 책을 읽고 독후감을 제출하면 인센티브를 제공하는 등 나름대로 운영에 대한 고민을 거듭했지만 성공하지 못한 경우가 많았다고 한다.

책을 읽는 것 자체가 독서 토론의 목적이 되어서는 안 된다. 책은 어디까지나 매개체일 뿐이다. 독서 토론의 주체는 참여자들이 되어야 하고, 이를 어떻게 소통의 장으로 승화할 것인가를 운영 측면에서 고민해야 한다. 프로세스 관점에서는 읽고 발표하고 토론하고 공유하는 절차를 확립하는 것이 중요하다. 모두가 경청자가 아닌 주도적인 참여자로서 역할을 수행할 수 있도록 해야 하기 때문이다.

당근에서 멘토링데이는 학습과 성장 그리고 소통의 장이다.

구성원들은 같은 책을 읽고, 책에서 얻은 지식을 바탕으로 현실적인 문제를 토론하고 적용하는 문화를 만들어간다. 이러한 시스템은 소통의 문제를 겪고 있는 조직에게 유용한 현실적 대안이 될 뿐만 아니라 조직을 더 역동적이고 창조적으로 살아 움직이게 할 것이다.

2

생존과 도약을 동시에 이루다

— 강한 생명력과 생존력의 경계

두드려도 소용없다. 혼자 힘으로 열고 들어오너라!
— 나쓰메 소세키

사람 찾아 강남으로

좋은 인재를 찾고자 하는 마음은 기업 규모의 크고 작음을 떠나 모든 CEO들의 고민이고 HR(human resources: 인적자원 관리부서)의 사명일 것이다. 이들은 경험을 통해 사람이 중요하다는 것을 잘 알고 있으며, 회사의 미래가 사람에 달려 있다고 입버릇처럼 말한다. 구직자는 일자리가 없다고 난리인데 회사 입장에서는 눈 씻고 찾아봐도 쓸 만한 사람이 없다고 한탄한다. 이것이 인력시장의 아이러니한 현실이며, 어제오늘의 이야기도 아니다.

하지만 이러한 인재 타령은 중소기업이나 벤처기업을 경영하는 사람들에게는 배부른 소리다. 처음 회사를 시작할 때는 알음 알음 뜻을 같이하는 사람을 모아 3명으로 시작할 수 있었지만 사업이란 게 어디 생각처럼 만만한 일이던가? 몇 안 되는 직원 중 한 명이 회사를 떠나면 20~30퍼센트의 전력이 구멍 난다. 새로운 직원과 처음부터 다시 시작해야 하는 심리적 부담감은 이루 말할 수 없다. 그마저도 지원하는 사람이 없어 발을 동동 굴러야 한다.

터널의 끝이 보이지 않을 때 사장과 직원의 희생 강도는 분명하게 엇갈린다. 직원이 더 좋은 근무 환경을 찾아 훌쩍 떠나버리면 그 빈자리는 온전히 사장의 몫으로 돌아온다. 한 인간으로서 더 나은 삶을 갈망하는 마음은 충분히 이해하고도 남는다. 따라서 떠나는 직원의 등 뒤에서 원망하거나 배신감을 갖지 않으려고 무진 애를 썼다. 하지만 현실은 그리 녹록하지 않았다.

지인을 통해 소개받은 사람은 월급을 제때 주고 관계를 잘 유지하면 그래도 1년은 갔다. 하지만 구직 사이트를 통해 어렵게 사람을 구하면 짧게는 일주일, 길어도 3개월을 못 버티고 나가는 경우가 태반이었다. 이직률이 높은 IT직종인 데다 온라인 교육 서비스를 제공하는 회사의 특성도 한몫했다. 창업하고 1년 반 동안 이러한 악순환이 계속되었다. 하루하루가 살얼음판이고 직원들을 상전처럼 모셔도 언제 나갈지 몰라 늘 불안하기만 했다. 살 길을 찾아야 했지만 직원 급여도 제대로 주지 못하는 상황에서

뾰족한 수가 있을 리 만무했다. 시간이 얼마나 빨리 지나가는지 월급 주고 돌아서면 또 월급날이 돌아오는 것 같았다. 새까맣게 타들어가는 그 속을 경험해보지 않은 사람은 모를 것이다.

하루는 우연히 중소기업 지원 정책으로 '소상공인 지원제도'를 실시한다는 기사가 눈에 들어왔다. 은행에서 1000만 원을 빌리기 위해 연대보증 한 명을 세우는 것이 얼마나 어려운 일인지 익히 잘 알고 있던 터라, 바로 전화를 들었다. 신원보증만 하면 연대보증 없이 저리로 돈을 빌려준다고 했다. 나는 기회라고 생각하고, 내친 김에 지역소상공인 지원센터로 달려가 2000만 원을 융자받았다. 은행에서는 꿈도 꿀 수 없는 돈이었다. 돈을 어디에 쓸 것인지는 벌써 정해둔 상태였다.

'사람을 찾으려면 강남으로 가자.'

당시 강남은 벤처 붐을 일으킨 메카였기 때문에 회사 규모는 작아도 일자리를 찾는 사람들에게는 회사에 대한 신뢰와 더불어 꿈을 심어줄 수 있는 상징적인 곳이었다.

다음 날부터 나는 눈에 익지 않은 강남의 뒷골목 구석구석을 돌아다니기 시작했다. 주소지를 염두에 두고 강남역과 역삼역, 양재역에서 다소 떨어진 중앙지점, 즉 세 지하철역에서 걷기에는 좀 먼 듯해도 저렴하면서 외관이 그리 나쁘지 않은 곳을 찾아냈다. 보증금 1500만 원, 월세 200만 원에 강남 주소지를 갖게 된 것이다.

'드디어 강남 입성.'

서울시 강남구 역삼동 789-30 단석빌딩 2층이 바로 당근의 두 번째이자 강남에서의 첫 번째 사무실이 되었다.

4월 중순쯤이었을까, 이른 아침부터 봄을 재촉하는 굵은 빗줄기가 내리기 시작했다. 이삿짐센터를 부르는 것은 상상조차 못했다. 직원 3명과 함께 사무실 집기를 하나하나 챙겨 직접 포장했다. 입을 삐죽 내민 직원들의 눈치를 보는 것쯤은 얼마든지 참을 수 있었던, 설렘을 가득 실은 이사였다. 사촌형에게 1.5톤 트럭을 빌려 자취방을 옮기듯 비 오는 길을 달려 강남으로 왔다. 언젠가 비 오는 날 이사하면서 어머니가 하신 말씀이 떠올라, "비 오는 날 이사하면 재수가 좋다더라!"는 말로 직원들을 위로했다. 우리는 그렇게 강남으로 희망을 실어 날랐다.

10평에서 갑자기 35평으로 옮기니 사무실이 운동장같이 넓어 보였다. 책상 몇 개를 들여놓고 나머지 공간은 어떻게 채워야 하나 고민할 정도였다. 낡고 좁은 화장실은 덩치가 큰 직원에겐 불편하기 짝이 없었지만 강남으로 사무실을 옮겼다는 사실 하나만으로도 마냥 행복했다. 다행히 이전 회사가 인테리어를 해놓은 지 얼마 안 돼 깔끔하게 정돈된 상태였고, 냉장고까지 그대로 쓸 수 있어서 그것 또한 행운이라고 생각했다. 창업하고 1년 반이

지나 처음으로 회사 브랜드인 '당근영어'라는 조그만 옥외간판도 내걸었다.

강한 생명력,
강한 생존력

부푼 꿈을 안고 강남으로 진출하던 날, 회사 입구에 버려진 고무나무 화분을 발견했다. 키가 제법 큰데 잎사귀에 먼지가 두텁게 앉은 것으로 보아 오랫동안 돌보지 않다가 이사를 가면서 버리고 간 모양이었다. 나는 화분을 사무실로 옮겨와 먼저 잎 위에 쌓인 찌든 먼지를 하나하나 헝겊으로 닦아주고 불필요한 가지와 잎을 정리했다. 그리고 정면의 자세가 잘 나오도록 옷고름을 고르듯 끈으로 잘 정돈해주었더니 상당히 풍채가 있어 보였다. 고무나무는 그날부터 7년간 수명을 다할 때까지, 사무실 출입문에서 푸른빛을 더하며 회사에 오가는 사람을 반겨주는 역할을 톡톡히 해주었다.

현재 당근 사무실 곳곳에는 여러 종류의 화분들이 놓여 있다. 햇볕이 들지 않는 실내에서 화분을 가꾼다는 것이 쉬운 일은 아니지만, 회사로 들어오는 다양한 축하 화분들을 그냥 내버려둘 수는 없었다. 그래서 관심을 가지고 오랫동안 물때를 맞추다 보니, 이제는 지나면서 슬쩍 쳐다만 봐도 식물의 상태를 알 수 있게 되었다. 어떤 화분은 목이 마르다고 떼를 쓰고 있고, 어떤 화분은 이쁜 빛깔을 봐달라고 자랑을 하고 있다. 어떤 화분은 보기만 해도 믿음직하지만, 상태가 계속 나빠지는 화분을 보면 마음이 조마조마하다. 혹여 내가 손쓸 수 없을 정도로 포기해야만 하는 화분이 나오면 못내 가슴이 아프기도 하다. 화분마다 물때가 달라 일주일에 한두 번 시간을 내어 물도 주고 상태를 살피는데, 생각과 고민이 많을 때 사무실에 있는 식물들을 돌보는 것은 오히려 마음을 다스리는 시간이 된다.

회사를 처음 시작하던 날, 친구가 보내준 개운죽은 화분이 몇 번이나 깨지는 수난을 겪었지만 지금은 아이 키만큼 자라 싱싱한 상태를 유지하고 있다. 내 키보다 큰 행운목이나 떡갈고무나무, 서황금나무, 난 등 다양한 화분들이 회사와 세월을 같이해왔다. 그렇게 오랫동안 함께할 수 있었던 것은 매일같이 들여다보고 대화하며 서로 교감했기 때문이라고 생각한다. 이제는 잎새 빛깔만 봐도 웃고 있는지, 찡그리고 있는지, 목말라하는지 알 것

같고, 혹시나 물때를 놓치기라도 하면 주말에 집에 있어도 마음이 편치 않다.

사무실에서 틈나는 대로 화분을 가꾸는 것은 나에게 명상이며 즐거움이고 행복이다. 놀랍게도 식물을 대하면서 나는 사람이나 조직의 운행 원리와 흡사한 점들을 발견하곤 한다. 예를 들어 햇빛이 잘 들지 않는 사무실에서는 실내조명만으로 식물이 광합성을 하는 데 턱없이 부족하다. 그러다 보니 시간이 지나면서 뿌리가 약해지는데, 이때 물을 너무 자주 주면 뿌리가 썩기 마련이다. 이를 '과습'이라고 하는데, 일단 과습 상태가 되면 살리기가 어렵다. 안타깝게도 사무실에 있는 식물들이 죽는 이유가 많은 경우 과습 때문이다. 물론 무관심으로 말라 죽는 경우도 있지만 말이다. 지나친 배려나 무관심 모두 10년은 족히 키울 수 있는 나무를 몇 달 만에 죽이는 원인이 되는 것이다. 사람도 마찬가지다. 지나친 배려나 무관심은 뿌리를 약하게 만들어 스스로 성장할 수 있는 생명력을 잃어버리게 한다는 점을 명심해야 한다.

큰 나무이거나 조그만 잡초이거나 할 것 없이 생명은 모두 살기 위해 발버둥 친다. 흙이나 물, 바람과 햇볕 같은 생명의 조건만 갖춰져 있다면 그들은 생명력을 유지하고 성장하는 데 모든 힘을 다한다. 따라서 이러한 생존 조건은 곧 그들이 획득해야 할 투쟁의 목적이 되기도 한다. 물 없이 버텨야 하고, 바람에 맞서

싸워야 하며, 뜨거운 태양 아래서 견뎌야 하는 상황이 돌이라도 뚫고 깊숙이 뿌리를 내려야 하는 이유이며, 그로 인해 이들의 생명력은 더욱 강해진다.

하지만 실내에서 키우는 나무들은 자연환경이 주는 이러한 긴장감이 없다. 그래서 시간이 갈수록 뿌리가 약해진다. 사람이 나이 들면 몸의 신진대사가 떨어지는 것처럼 약해진 뿌리는 식물의 생명력을 급격히 떨어뜨린다. 따라서 한 번씩 화분을 들어내 과감하게 뿌리를 잘라내고, 흙을 갈고, 가지를 쳐주어야 한다. 뿌리에 손을 대는 순간 식물의 생존을 위한 절박함은 극에 달하게 된다.

난을 관찰하면서도 놀라운 사실을 발견하게 되었다. 물때를 놓친 분의 난은 모든 잎들이 동시에 시드는 것이 아니라, 하나씩 차례대로 말라 죽는 것이 아닌가. 생존하기 어려운 환경에 직면했을 때 난은 잎을 하나씩 희생시킴으로써 전체의 생존력을 지속시키고 있었던 것이다. 이와 비슷한 생존 메커니즘들이 모든 화분의 깊숙한 곳에서 변화무쌍하게 진행되고 있다. 그 속에 기생하는 아주 조그만 벌레들까지 포함해서 말이다. 생명력은 정말 강하다. 다 죽을 것만 같았던 식물도 시간 맞춰 햇볕을 쬐어주고 물을 주면 다시금 보란 듯이 살아난다. 생명은 그 자체로서 완전한 시스템을 가지고 있음이 분명하다.

식물의 생존 메커니즘에서 우리는 회사 경영의 지혜를 얻을 수 있다. 봄, 여름, 가을, 겨울을 지나며 월계관처럼 하나의 나이테가 생기듯 치열한 경영 환경은 존재를 위협하는 동시에 우리가 존재할 수 있는 힘을 제공해주고 있는 것이다. 물과 바람과 태양이 생명의 원천이면서 동시에 생존을 가장 위협하는 요소이듯이 사람, 돈, 기술 등의 회사 자원들이 질적인 균형과 역동성을 유지하지 못하거나 통제하는 힘이 없을 때 그 자체가 곧 위협이 될 수 있다는 통찰이 필요하다.

산에 오르다 보면 괴암들 사이로 자태를 뽐내며 보란 듯이 서 있는 소나무를 만나게 된다. 그 나무는 벼랑 위에 떨어진 생명의 씨앗이 공중에 떠다니는 부유물들을 붙잡아 토양으로 삼고 바위 틈으로 파고들어 뿌리를 내린 것이다. 거친 바람이 불어도, 빗줄기가 쏟아져 내려도, 그리고 엄동설한에서도 온몸으로 버티어내면서 십수 년을 살아온 것이다. 기업을 경영하는 사람은 자연으로부터 그런 생존력을 배워야 한다.

참고
견디어내는 힘

"도대체 무슨 일을 하십니까? 일이 문제가 아니라 지금 당장 쉬어야 할 상황입니다."

강남에서의 시작은 그리 녹록지 않았다. 창업 이후 제대로 쉬지 못했고, 하루를 25시간처럼 쓰면서 일에 매달렸다. 아마도 창업을 한 사람들의 심정은 모두 비슷할 것이다. 회사가 어느 정도 괘도에 오르기까지 잠시도 방심할 수 없기 때문이다. 물론 회사가 순항할 때도 경영자는 한순간도 긴장을 늦추지 못한다.

나 역시 하나부터 열까지 모든 일에 관여해야만 했고, 생각처럼 사업이란 것이 만만치 않다는 것을 깨닫게 되면서 책임감과 조바심은 더욱 커졌다. 그러다 보니 쉬는 짬을 내지 못했고, 마치

100미터 달리기를 하듯 매 순간 전력질주를 했다. 아직 30대 초반이었으니 건강에 대해서는 조금도 의심하지 않았다.

그런데 몸이 먼저 브레이크를 걸기 시작했다. 과도한 긴장 때문이었을까? 잠을 자면 식은땀으로 베개가 흥건하게 젖곤 했다. 그 빈도가 많아지니 은근히 두려움이 찾아왔다. 그래서 물어물어 한의원을 찾아 진료를 받았다. 짐작은 했지만 결과는 생각보다 심각했다. 한의사는 대뜸 "직업이 뭡니까?" 하고 물었고, 몸의 면역력이 바닥이 난 상태라 자칫하면 큰 병이 올 수도 있다고 했다. 당장 일을 쉬는 게 좋다고 몇 번이나 권고를 했다.

겨우 서른두 살에 이게 무슨 꼴인가? 병원 문을 나서는데 수많은 생각이 들었다. 그리고 계속 고민했다.

'살 것인가? 아니면 일을 계속할 것인가?'

선택의 여지는 없었다. 살아야 했고, 일도 포기할 수 없었다. 벼랑 끝에 몰린 쫓기는 짐승처럼 운명과 정면 승부를 해야만 했다. 그날부터 나는 달리기 시작했다. 집이 있는 서울대입구역에서부터 역삼동 회사까지 매일같이 10여 킬로미터를 걷고 뛰고를 반복했다.

초등학교 저학년 때 임파선결핵으로 몇 년 고생한 적이 있었다. 그때는 위생환경이 좋지 않았고 지금처럼 의학이 발달하지 않았기에 많은 사람들이 결핵으로 고통을 받거나 목숨을 잃었다. 더구나 시골이라 의료 혜택도 제대로 받지 못했다. 몸은 나뭇가지처럼 마르고 생명이 이렇게 시들어가는구나 하는 것을 어린 나이에 온몸으로 경험한 끝에 죽을 고비를 넘겼고 기적처럼 살아났다. 그리고 열한 살 여름을 지나면서 서울로 전학 왔는데 어린 나에게 너무도 낯선 환경은 문화적 충격이었고 생존을 위한 도전 그 자체였다. 몸이 약해서 체육시간에도 다른 친구들이 운동하는 모습을 쪼그려 앉아서 구경만 하던 내가 할 수 있는 유일한 운동은 달리기였다.

강해져야 한다는 간절함이 나를 달리고 또 달리게 했다. 처음에는 관악구청에서 서울대 앞을 지나 쑥고개를 넘어 돌아왔다. 그렇게 매일같이 4~5킬로미터를 달리다 보니 체력과 지구력이 강해졌고, 어느 정도 시간이 지나자 아무리 달려도 숨이 차질 않았다. 모래주머니를 만들어 양손에 든 채 달리기도 했다. 자연스럽게 뛰는 거리가 늘어났고 신림사거리를 돌아 봉천사거리까지 10킬로미터를 돌아오면서 어느새 장거리 달리기라면 누구에게도 지지 않을 자신감이 생겼다.

나는 달리기를 하면서 자연스럽게 '사점(死點)'이라는 것을 알게 되었다. 아무 생각 없이 달리다 보면 어느 시점에서 숨이 차오르는 고통이 따르고, 잠시 걷고 싶은 유혹도 생긴다. 하지만 이 순간을 넘기면 그다음부터는 지구 끝까지라도 뛸 수 있을 것 같은 자신감과 편안함이 찾아온다. 이것을 '러너스 하이(runners high)'라고 한다. 극한의 고통 속에서 찾아오는 쾌감을 느끼는 상태를 말한다.

심리학자들이 수많은 성공한 인물들의 삶을 통해서 밝혀낸 가장 중요한 성공 요인 중 하나는 '참고 견디어내는 힘(duration)'이다. 어려서 병을 앓고, 장거리 달리기를 하면서 나 자신과 직면하고 견디내는 힘을 기른 것은 그런 점에서 큰 행운이었다.

사업 초창기, 다시 삶의 고비를 맞았을 때 내가 선택한 길은 상황에 직면하기, 그리고 달리기였다. 그해 여름이 끝날 때까지 몇 개월을 쉬지 않고 달린 끝에 나는 자연스럽게 건강을 회복할 수 있었다. 이 경험은 건강에 대한 인식을 새롭게 하는 계기가 되었다. 그때를 기점으로 지금까지 건강한 몸 상태를 유지하기 위해 꾸준한 노력을 기울이고 있다. 지나친 음주로 몸을 혹사하지 않는 것은 철칙이고, 출퇴근길을 이용해서 되도록 많이 걸으려고 노력한다. 또한 나 자신을 돌아보고 마음의 균형을 유지하기 위해서 주말에는 반드시 2시간 정도 산책한다. 그중 건강을 유지하는 데 가장 중요하게 생각하는 것은 편안한 마음으로 일찍 잠자리에 드는 것이다. 평소 10시 전후에 잠자리에 드는데 이보다 더 좋은 보약은 없는 것 같다.

주변의 경영자 가운데 한창 왕성하게 일할 나이에 갑작스레 건강상의 위기를 겪으면서 힘들어하는 사람을 종종 보게 된다. 물론 건강에 대한 중요성과 실천 비결 하나쯤은 모두 알고 있지만, 바쁜 현실에 쫓기다 보니 항상 숙제로 남겨놓게 되는 것이 문제다.

    건강은 철저히 자기관리의 이슈다. 건강을 잃으면 모든 것을 잃게 된다. 자신의 몸을 최고의 상태로 관리하지 못하는 경영자가 어떻게 최고의 조직을 만들어낼 수 있을까? 경영은 100미터 달리기처럼 단기간에 승부 나는 게임이 아니다. 오랜 시간 호흡을 조절하며 때로는 죽을 만큼의 고통을 겪고, 그것을 즐기며 달려야 하는 마라톤과 같은 것이다. 이웃집 마실을 가는 사람과 먼 길을 떠나는 사람은 신발 끈 묶는 법부터 다르다.

코를 박고
견디는 시간

　　　　　　　　　어렸을 적 세숫대야 물에 얼굴을 담그어본 적이 있는가? 나는 친구들과 종종 이런 장난을 했는데, 금세 숨이 막히기 시작하고 시간이 조금 흐르면 머릿속이 캄캄해지거나 번개가 치듯 섬광이 뇌 속을 가로지르는 듯한 느낌이 들었다. 물론 그 순간에는 고통스럽고 죽을 것 같지만 조금만 더 참아내면 친구를 이길 수 있다는 경쟁심이 발동해 그런 행위를 한 것 같다. 지금 생각해보면 러시안 룰렛처럼 위험하기 짝이 없는 게임을 어렸을 때 한 것이다.

"노 대표 회사는 좀 어때? 만만치 않지?"
"시장이 너무나 어려워. 다들 난리야!"

규모가 크지 않은 중소기업이나 벤처기업 사장들이 만나면 흔히 주고받는 이야기다. 그만큼 초창기 사업을 만들어나가는 것이 어렵다는 말인데, 뼛속까지 공감한다. '내가 왜 이런 고생을 사서 하나?'라는 생각을 하루에도 몇 번씩 하는 것이 창업 초기 CEO들의 냉혹한 실상이다. 나도 예외는 아니었다. 아마 빨리 돈을 벌겠다고 사업을 시작했다면 중간에 몇 번은 포기했을 것이다. 하지만 대한민국 기업들의 글로벌 역량을 강화하는 데 일조하겠다는 명확한 사업 미션은 수많은 어려움과 고민 속에서도 언제나 나를 지탱해주는 힘이었다.

한때 벤처 CEO들의 모임인 디지털경영인협회에서 활동한 적이 있었다. 2000년 초반 벤처 바람이 시장을 휩쓸고 지나갈 무렵, 회원사가 1000개에 이를 정도로 활발하게 활동하던 모임이었다. CEO들은 늘 외롭다는 생각을 해서인지 마음을 나누고 의지하고픈 누군가가 필요했던 것 같다. 동시에 사업에 대한 노하우와 시장 정보를 교환할 수 있기 때문에 이런 모임에 참석하는 것은 일석이조의 효과가 있었다. 대부분 어려운 상황에서 경영을 하다 보니 나이 오십을 훌쩍 넘긴 사장에서 나처럼 30대 초반의 새내기 사장들까지 쉽게 공감대가 형성되면서 친해졌다. 기술력을 가지고 소위 대박을 꿈꾸는 사장부터 각종 IT관련 아이템들과, 컨설팅, 여행, 광고, 디자인 쓰레기통을 만드는 사장까지

업종과 규모도 매우 다양했다. 수십 년간 사업을 일궈 중견기업의 반열에 오른 사장들도 있었지만 나처럼 이제 갓 창업한 젊은 사장들도 많았다. 하지만 업의 경력과 사업의 규모를 떠나 다들 눈에 불을 켜고 뭔가 해보려는 열정만은 차이가 없었다. 간혹 뒤풀이 술자리가 마련되면 각자가 겪고 있는 어려운 점을 토로하고 조언을 주고받으면서 서로 격려하는 모습이 아주 자연스러운 광경이었다. 그들에게 진짜 필요했던 것은 창업 초기에 CEO가 감내해야 하는 외로움과 고통을 가슴으로 이해하고 나눌 수 있는 동지들이었다.

하지만 당시 1000개가 넘던 회원사는 현재 50개도 채 남지 않았다. 10년이라는 짧은 시간 동안 대부분의 회사들이 시장의 냉혹한 현실을 견디지 못하고 세월의 그림자가 되어 사라져갔다. 새로운 사업 아이템이 시장을 확보하지 못하고 실패하는 경우가 가장 많았고, 회사의 성장 과정에서 인수·합병 등으로 회사가 넘어간 경우도 있었다. 또한 경영권 문제로 소송에 휘말리거나 사업을 지속하지 못하는 경우도 벤처기업에서는 종종 발생했다. 이러한 우여곡절 속에서 사장 개인뿐만 아니라 직원들과 가족들까지 희생을 감수해야만 한다. 가까이서 이런 모습을 지켜볼 때마다 밀려드는 착잡한 심정은 이루 말할 수 없을뿐더러, 경영자로서 그 책임감이 더욱 무겁게 다가왔다.

매출이 경상이익으로 넘어가는 손익분기점(BEP)은 우리 모두의 로망이었다. 손익분기점을 넘지 못하면 마치 '코가 물속에 잠겨 있는 것'처럼 회사 운영이 절박하기만 하다. 많은 사람들이 좋은 아이디어와 열정으로 창업하지만 결국 승부는 시장에서 판가름 난다. 높은 기술력과 좋은 제품은 성공의 필요조건일 뿐 그것만으로 시장에서 승리의 월계관을 쓸 수 있는 것은 아니다. 초기 회사가 부딪히는 가장 어려운 장벽이 바로 이것이다. 따라서 회사가 생존을 유지할 수 있는 손익분기점을 통과하면 사장들은 그제야 숨통이 트이고 제정신을 차릴 수 있게 된다.

당근은 3년이 지나면서 간신히 손익분기점을 통과할 수 있었다. 돈을 빌리지 않고서도 운영해나갈 수 있는 구조가 만들어진 것이다. 어린아이로 치면 네 발로 걷다가 두 발로 걷기 위해 막 일어서기를 했다고 볼 수 있다. 손익분기점을 통과하자마자 내가 가장 먼저 한 것은 창업 초기에 급여를 제대로 지급해주지 못한 퇴직 직원들에게 잔여 급여를 보내주는 것이었다. 초창기 강사 급여를 주고 나면 직원에게 급여를 줄 형편이 안 되어 몇 달 동안 급여를 제대로 주지 못하던 때가 있었다. 그때 기꺼이 고통을 함께해준 직원들에게 오랫동안 가지고 있던 마음의 빚을 갚는 것이 나에게는 가장 먼저 해야 할 의무였다. 지금도 나는 어려운 시절을 함께 견뎌준 그들에게 감사의 마음을 잊지 않고 있다.

두 번째는 주말도 없이 고생하는 직원들에게 더 나은 근무 여건을 제공해주는 일이었다. 당근의 대표적인 복지정책 중 하나인 '아웃팅'도 이때 시작되었다.

하지만 손익분기점을 넘는다는 것은 시장에서 생존을 위한 첫 문턱을 넘었다는 회계상의 의미에 불과하다. 운영 자금의 압박에서 벗어나 이익을 만들어나갈 수 있는 선순환 구조로 들어서기 위해서는 지속 성장 가능성이 전제되어야 한다. 일단 조직 운영이 성장의 궤도로 들어서면 그동안 조직 내부에 잠재해 있던 사람의 이슈가 튀어나온다. 전략과 시스템 그리고 실행의 중심에는 언제나 사람이 있기 때문이다. 돈은 은행에서 빌릴 수 있지만 사람은 빌릴 수 없다. 13년 동안 당근을 경영하면서 진실로 깨달은 것은 조직 구성원의 성장이 전제되지 않으면 회사의 지속 가능성이라는 꿈은 결코 현실이 될 수 없다는 것이다.

콘텐츠에
회사의 철학을 입히다

'우리의 전문성은 무엇인가?'
'고객 앞에서 당당할 수 있는가?'
'나는 진정 무엇을 하고 있는가?'

숨 가쁘게 달려온 지 2년쯤 지났을 때였다. 나는 사무실에 앉아 지난 시간에 대한 허탈함과 비통함에 힘든 하루를 보내야만 했다. 영어교육에 대한 전공 지식도 없고, 시장 경험도 전무한 내가 교육회사의 대표가 되기에는 얼마나 준비가 안 된 사람이었는지 깨닫는 순간, 앞이 막막해졌다.

나는 그야말로 호박에 줄 몇 개 그어놓고 수박인 척하고 있었던 것이다. 사업 목표 하나를 향해 죽어라 달려왔지만 '전문성'이 부재했다. 사업이 미션이나 아이디어만 가지고 되는 것은 아니지 않은가? 교육시장의 핵심 성공 요인인 '질적인 요소'를 간과하고 있던 것이다. 벤처기업이라고 젊은 열정 하나만으로 대박의 꿈을 향해 달려왔다는 생각에 부끄럽기도 했다. 교육시장에서 우수한 콘텐츠와 서비스의 질이 전제되지 않은 성공 사례는 어디에서도 찾아볼 수 없다. 나는 이 기본적인 원칙을 간과하고 있었다.

가장 먼저 교육시장에 대한 관점을 재정비할 필요가 있었다. 교육시장은 일반 제품을 파는 시장이나 여타 서비스 시장과 다른 특성이 있다. 광고를 열심히 한다고 하루아침에 고객층을 확보할 수 있는 것도 아니고, 싸게 판다고 많이 팔 수 있는 것도 아니었다. 가격이 싸도 남들이 좋다고 하기 전에는 아무도 사지 않고, 아무리 비싸도 입소문이 나면 줄서서 기다리는 것이 교육 서비스다. 또한 장기적인 관점에서는 콘텐츠의 질이 시장에서 검증되어야만 브랜드를 인지시키는 데 성공할 수 있다. 소비자들이 선택하는 마지막 순간까지 여기저기 물어보고 다시 생각해보는 상품이 바로 교육 서비스인 것이다.

나는 원점에서 다시 시작하기로 결심했다. 무엇보다 교육회사로서 명확한 철학이 필요했다. 단순한 상품으로서가 아닌 철학이 내재된 교육 콘텐츠와 서비스를 제공하기로 마음먹고, 먼저

나부터 교육학에 대한 지식을 갖춰야겠다고 생각했다. 그래서 교육학 이론들과 교수 방법론 등에 관련한 전문서적과 학회 논문들을 찾아 부지런히 읽기 시작했다. 우리가 만들어낸 콘텐츠 하나하나가 얼마나 소중한 자산이며 보물인지를 재인식하고 이것들을 어떻게 관리하고 발전시킬까, 고민에 고민을 거듭하다 공공도서관의 도서관리 방식을 상상하며 온라인상에 당근만의 콘텐츠 도서관을 개념화했다.

언어교육연구소를 만든 후 지난 10년간 적극적이고 체계적으로 콘텐츠 개발에 집중했다. 이렇게 만들어진 콘텐츠들은 오늘날 당근의 가장 큰 경쟁력이자 자랑거리가 되었다. '캐럿하우스'라는 출판 브랜드를 만들어 우리가 개발한 교재들을 직접 시장에 유통시킴으로써 콘텐츠에 대한 신뢰도와 회사 가치를 동시에 높여나갔다. 처음에는 시행착오도 많았다. 높은 이직률 때문에 콘텐츠 이력들을 관리하는 것이 어렵게 되자, 콘텐츠 하나하나를 출력한 후 목차를 만들고 관리함으로써 사람이 바뀌어도 관리 시스템은 지속적으로 유지될 수 있도록 했다. 관리가 점점 복잡해져도 중도에 포기하지 않았고, 해를 거듭하면서 이렇게 축적된 콘텐츠들은 다양한 형태의 이북(e-book)과 모바일 북 등 당근의 차별화된 역량으로 빛을 발하기 시작했다.

누군가 나에게 당근의 가치가 얼마나 되냐고 묻는다면, 나는 마우스를 몇 번 움직여 사내 인트라넷에 있는 콘텐츠 라이브러리를 보여줄 것이다. 당근은 기본 회화 과정 시리즈와 각종 단행본, 글로벌 직무 역량 과정, 이문화 과정들과 워크북 등 세계 최고 수준의 글로벌 역량 콘텐츠를 구축하고 있다. 10여 년 동안 지속적으로 콘텐츠를 개발한 결과 당근만의 고유하고 독창적인 콘텐츠를 보유하면서 온라인, 오프라인, 모바일, 화상 등을 통해서 다양한 형태로 융복합 서비스를 제공할 수 있게 된 것이다.

기존에 기업 교육을 제공하는 출강 업체들은 대부분 강사에 의존하는 형태를 띠고 있었다. 따라서 경험이 많고 이름이 알려진 강사를 확보하는 데 많은 시간과 비용을 투입한다. 문제는 아무리 우수한 강사라도 모든 강의에서 좋은 평가를 받는 것은 아니라는 점이다. 그래서 흔히 기업과 강사가 궁합이 잘 맞아야 한다고 이야기한다. 나는 이러한 시장의 관습이 기업 출강 사업의 한계이자 성공 사례를 만들어내지 못하는 이유라고 생각했다. 그래서 체계적으로 강사를 양성하고 강의에 대한 QC(Quality Control: 품질 관리) 시스템을 만들어가는 것이 핵심적인 성공 요인임을 직감했다.

따라서 당근은 콘텐츠의 질뿐만 아니라 교수 방법론이나 교육 과정 설계 등에 있어서도 연구를 게을리 하지 않았다. 자기 주도적 행동학습을 통해서 가장 효과적으로 역량을 체득할 수 있도록 당근의 교수 방법론은 행동주의와 구성주의 철학을 기반으로 하고 있다. 따라서 강사가 강의 중에 움직이는 동선에서부터 책상 배열의 원칙, 학생이 나와서 발표하는 파워포지션까지 세부적으로 매뉴얼화하여 강의실 곳곳에서 실천하고 있다. 또한 첫 시간부터 마지막 시간까지의 시간 계획과 활동을 체계화함으로써 강사의 개인차에 따라 생길 수 있는 오류를 줄이고 어떤 강사가 교육에 들어가든지 교육 내용의 일정한 질을 확보할 수 있도록 했다.

서비스 질에 관해서는 강사와 매니저도 예외가 아니다. 국적에 상관없이 모든 강사는 신입 교육을 통해서 회사의 교수 철학과 교수법에 대한 교육을 받는다. 그리고 분기마다 진행되는 강사 포럼에 참석하여 다양한 사례에 대한 발표와 공유를 지속한다. 당근의 매니저들은 교육대학원에서 제공하는 수준의 각종 교과목들을 교육받으며 전문지식을 확충해나간다. 이러한 운영 원칙과 QC에 대한 강도 높은 훈련은 당근을 단순히 서비스 제공자가 아닌 글로벌 역량 컨설팅 파트너로서 성장할 수 있도록 견인했다.

당근은 현재 대한민국 전역에서 1000개가 넘는 오프라인 교육 과정을 매일 진행하고 있다. 또한 전화나 실시간 화상 시스템 등 가상공간을 통해서 한국뿐만 아니라 중국과 미주, 유럽까지

15개국에 걸쳐 연간 10만 명 이상의 고객들에게 1:1 맞춤교육을 제공하고 있다. 글로벌을 지향하는 세계적인 기업의 상당수가 이미 주재원 교육과 글로벌 인재 육성 등 다양한 교육 과정을 통해 당근과 파트너십을 맺고 있다. 어디에서 어떤 교육이 진행되든 교육 현황들은 실시간에 가깝게 시스템에 의해 관리된다. 과정별 만족도 결과와 교육 효과성을 분석하여 가장 빠른 시간에 고객에게 전달한다. 이는 일관된 서비스의 질을 제공하는 QC 시스템이 없다면 꿈도 꾸지 못할 일이다. 이러한 노력의 결과 당근은 10여 년 만에 세계 최고 수준의 맞춤교육 서비스를 제공할 수 있게 된 것이다.

양보할 수 없는
깐깐한 채용

　　　　　　　　　　어느 날 공원을 산책하려고 운동화를 신는데 발바닥에 모래 같은 조그만 알갱이가 느껴졌다. 신발을 벗어 털어낼까 하다가 귀찮아서 그냥 나갔다. 그런데 시간이 지날수록 모래알이 이리저리 돌아다니는 통에 여간 신경 쓰이는 게 아니었다. 나 홀로 산책은 한 주를 정리하고 내면을 들여다보는 중요한 시간인데, 산책하는 내내 발바닥에 붙은 모래 한 알과 신경전을 벌여야 하는 나 자신이 어리석기 짝이 없었다.

"인사가 만사다!"

삼성전자에 입사해 조직을 배우는 과정에서 귀가 닳도록 들은 말이다. 하지만 그때는 그 뜻을 잘 이해하지 못했다. 그저 상사들이 입버릇처럼 늘 강조하는 이야기이고, 그만큼 인사가 중요하다는 것 정도로만 인식했다. 그도 그럴 것이 사회생활 초년생이 뭘 알겠는가? 산책하는 내내 나를 괴롭혔던 발바닥의 모래알처럼, 사람 하나 잘못 들이면 두고두고 조직에 부담이 된다는 것을 당시 상사들은 잘 알고 있었던 것이다.

뭐니 뭐니 해도 인사에서 '선발'만큼 중요한 것도 없다고 본다. 오늘 어떤 사람을 뽑느냐에 따라 회사의 미래가 갈릴 수 있기 때문이다. 하지만 현실적으로 직원 선발이 체계적으로 잘 이루어지고 있는가 하는 점에서는 할 말이 많다. 그나마 대기업은 워낙 좋은 인재들이 모여들고, 채용과 선발에 대한 오랜 경험을 토대로 나름의 시스템을 구축하고 있다.

하지만 중소기업의 직원 선발은 이야기가 다르다. 대기업처럼 우수한 지원자가 몰려들지도 않고, 높은 급여나 복리후생을 제공할 수 없을 뿐만 아니라 오랜 시간을 들여 체계적인 재교육을 시킬 수 있는 여력도 안 되기 때문에 선발 과정 자체를 차별화할 필요가 있다. 유능한 인재를 뽑고 싶은 마음이야 경영자들의 공통된 소망이다.

그런데 현실은 그렇지 않다. 특히 중소기업에 가장 중요한 선발의 핵심은 회사에 들어와서는 안 되는 사람을 걸러내는 것이라고 생각한다. 조직의 실패는 사람을 잘못 들이는 데서부터 시작하기 때문이다. 경험과 훈련을 통해서 직무 역량은 어느 정도 끌어올릴 수 있지만, 삶과 일을 대하는 근본적인 태도나 성향을 바꾸는 것은 절대 쉬운 일이 아니다. 태도나 성향은 오랜 시간 성장 과정을 통해서 몸에 밴 것이기 때문이다.

당근은 채용에 관해서는 매우 깐깐한 기준을 적용한다. 지난 10여 년의 경험을 통해서 한순간의 선발 오류가 조직에 어떠한 영향을 미치는지 충분히 학습했기 때문이다. 대기업처럼 인재들이 몰려들지 않는 상황에서 직원을 선발해야 하기에 어느 정도 선에서 타협하려는 마음이 들 때가 있지만, 그럴 때마다 채용 원칙을 상기하며 유혹을 극복하려고 노력했다. 당장 한 사람을 충원하는 것이 급한 상황에서 우리는 늘 시험대에 오른다. 하지만 첫 단추를 잘 끼워야 한다는 사실을 리더들이 깊이 숙지하고 있기에 인내하면서 우리의 기준을 엄격하게 적용하고 있다.

서류 심사에서는 과거의 데이터를 근거로 만든 당근만의 선별 기준에 따라 1차 선별 작업을 한다. 예를 들어 짧은 기간 내에 회사를 이직한 경험이 있다거나, 성장 과정에서 열정적인 삶의 흔적이 보이지 않는 지원자는 서류에서 탈락시킨다. 실무진 면접에서는 표준화된 면접 질문지와 평가지를 통해 면접관들이 개인적인 편향에 치우치지 않고 일관된 평가가 이루어질 수 있도록 한다. 질문은 주로 그 사람의 과거 행동 경험과 태도에 초점을 맞춘다. 실무 면접을 통과한 지원자들은 사업부에 따라서 PT 면접이나 이와 유사한 업무 적성 면접을 한 번 더 치르고, 여기에서 통과하면 CEO 최종 면접을 보게 된다. 특이하다고 할 수 있는 점은 최종 면접에 임하는 사람들은 적성검사, MBTI(성격 유형 지표), DISC(행동 유형 분석)를 반드시 거쳐야 한다는 것이다. 검사 목적은 서류나 면접에서 놓칠 수 있는 지원자의 성향(personality)과 일(job), 조직(organization)의 적합도를 좀 더 객관적으로 보기 위함인데, 이 데이터는 입사 후에도 인적 자원 관리 차원에서 귀중한 자료가 된다.

이렇게 해서 캐러셔이 되면 3개월간 프로베이션(3개월 동안 신입 사원들이 당근의 조직 문화와 업무 프로세스, 고객에 대해서 집중적으로 적응하는 기간)을 거친다. 신입 사원과 경력 사원은 물론이고 임원도 예외 없이 이 같은 절차를 거친다. 이 기간에는 주로 회사에 대한 이해와 조직 적응 그리고 OJT 중심으로 실무 교육이 이루어진다. 그리고 3개월 후 상사와 동료 혹은 부하직원으로부터 360도 다면 평가를 받는다. 이때 다음 두 가지 요소에 해당하면 함께 일할 수 없다.

첫째, 인간관계나 태도에 문제가 있다고 판단되는 경우. 둘째, 직무 역량이 개발되기 어렵다고 판단되는 경우. 프로베이션 기간에 탈락하는 비율은 평균 15퍼센트 정도다.

회사마다 새로 들어온 직원을 훈련하는 시스템을 갖추고 있을 것이다. 대부분 신입 사원을 대상으로 3개월의 수습 기간을 두고 있을 뿐 경력 사원까지 검증하는 시스템을 두는 경우는 그리 많지 않을 것이다.

프로베이션은 '당근농장'의 인재 선발에서 매우 중요한 시스템이다.

사람은 함께 일해보지 않고서는 알 수 없다는 말에 백번 공감한다. 당근의 프로베이션은 탈락자가 생긴다는 점에서 다소 가혹하게 여겨질 수도 있지만, 지금까지 당근에 좋은 인재들이 모이고 회사가 양적, 질적으로 성장할 수 있었던 것은 바로 이러한 인재 검증 시스템 덕분이다.

아무리 체계적이고 과학적인 방법으로 직원을 선발한다 해도 여전히 오류의 여지는 남아 있다. 지원자의 화려한 스펙이나 경력, 학벌 같은 것이 자칫하면 판단을 흐리게 하기 때문이다. 당근의 핵심 인재들은 화려한 스펙의 소유자들이 아닌 올바른 삶을 지향하는 태도와 강한 내적 동기를 가지고 있다. 동시에 그들은 자기중심적이지 않으며 팀워크가 무엇인지를 알고 목표를 향해 헌신하는 사람들이다.

프로베이션을 통과하면 회사에서 무한한 성장의 기회를 제공하는 것이 우리의 인사 철학이다. 인사정책의 투명성과 고용 안정성 제공을 매우 중시한다. 청탁이나 낙하산으로 들어온 사람들과 함께 일하고, 언제 그만두어야 할지 모르는 상황에서 어떻게 일에 집중하면서 성과를 낼 수 있겠는가? 우리는 모든 인재 선발 과정을 투명하게 진행하고 있기에 회사에 대한 직원들의 믿음이 강하고, 그렇게 까다롭게 선발된 인재들이기에 자부심이 매우 높다. 또한 프로베이션을 통해 검증된 인재들이 함께 일하는 곳이니 만큼 동료나 상사, 부하직원에 대한 믿음이 강한 편이다. 나는 연봉계약보다 더 중요한 것은 회사와 직원 간의 심리적 계약이라고 생각한다. 회사에 대한 믿음, 함께 일하는 사람들에 대한 믿음은 회사를 든든하게 떠받쳐주는 역할을 한다.

캐러션들은 입사 후 1년만 지나면 누구나 직무 순환(job rotation)을 신청할 수 있고, 3년 동안 필요한 교육들을 체계적으로 제공받을 수 있다. 여기에는 OJT를 비롯하여 필독 도서와 포커스 교육, 크리스토퍼 리더십 교육 등의 공통 교육과, 직무나 역할에 필요한 특성 교육 등이 포함된다. 당근의 구성원이 되는 순간부터 학교에서 공부하는 것보다 훨씬 더 많은 양의 지식을 습득할 기회를 가지게 되는 것이다. 이렇게 일과 교육을 통해서 캐러션들은 하루하루, 해마다 눈부시게 변화하고 성장하는 경험을 하고 있다.

성장할 수 없다면 떠나라

개인을 성장시켜줄 회사가 필요한가?

회사를 성장시켜줄 인재가 필요한가?

이 두 가지 질문은 이 시대의 모든 경영자는 물론 직장인들에게도 중요한 화두다. 회사 입장에서는 회사를 성장시킬 준비된 개인이 필요하고, 개인의 입장에서는 더 나은 삶을 만들어줄 수 있는 곳에서 일하기를 원하기 때문이다.

당근에서는 리더가 되는 순간 두 가지 미션이 주어진다. 하나는 사업을 견인하는 것, 즉 성과를 내야 하는 책임이다. 다른 하나는 조직 구성원 개개인의 성장에 대한 책임이다. 일반적인 기업이라면 첫 번째 미션에 중점을 두기 때문에 두 번째 미션은 명문화하지 않거나, 그다지 중시하지 않는 경우도 있다.

하지만 우리는 두 번째 미션을 더 중요하게 여긴다. 조직 구성원이 성장하지 못하면 장기적인 관점에서 볼 때 조직도 사업도 성장할 수 없기 때문이다. 물론 실현하기 더 어려운 미션임을 잘 알고 있다. 때로는 성과 지향적인 리더들의 경우 "회사가 개인을 교육시키는 곳이냐", "안 될 사람은 아무리 교육을 시켜도 안 된다"며 반발하기도 했다. 하지만 사람의 성장에 대한 믿음은 내게는 북극성처럼 확고한 지표이기에, 결코 양보할 수도 포기할 수도 없는 부분이다.

특히 신입 사원이 들어온 후 첫 1년간의 교육이 정말 중요하다. 신입 사원의 성장이 곧 회사의 미래 역량이 되기 때문이다. 글로벌 역량을 교육하고 컨설팅하는 기업으로서 직원들은 다양한 교육 이론과 교수법 등의 전문지식뿐만 아니라 고객 컨설팅과 관련한 고객과의 관계 기술 등도 배우게 된다. 또 지속적인 독서 토론을 통해서 자신의 의견을 제시하고 발표하는 일에도 익숙해질 수 있는 기회를 가진다. 하지만 이 시점에서 더욱 중요한 것은 회사의 철학에 대한 이해와 캐러선들이 사용하는 용어 및 업무 방식을 체계적으로 습득하고, 일에 대한 올바른 태도를 몸에 익히는 것이다.

앞서 설명한 3개월의 프로베이션 기간에는 회사 적응 및 직무와 관련된 체계적인 OJT를 받게 된다. 이 시기에 사람들이 가장 어려워하는 것이 사내 인트라넷인 당근농장에 일일보고서(daily report)를 올리는 일이다. 한 달 동안 매일 그날 한 일과 제안 사항, 느낀 점 등을 꼼꼼하게 작성하여 올리면 리더가 공개적으로 피드백을 해준다. 일일보고서는 가능한 한 꼼꼼하게 기록해야 한다. 이는 고객들에게 보내는 제안서나 교육 결과 보고서를 작성하는 데 기본이 되는 글쓰기의 정교함을 기르는 훈련이라고 할 수 있다. 처음에는 마치 일기를 공개하는 것처럼 불편해하고 스트레스를 받기도 하지만, 이를 통해서 신입 캐러션들은 회사의 철학인 '투명성과 소통'의 방식을 자연스럽게 습득하게 된다.

프로베이션 기간 중 또 하나의 중요한 교육 목표는 회사의 인재상인 '자연성 인간상'을 획득하는 것이다. 캐럿은 인재를 세 가지로 구분한다. 불연성(不燃性), 가연성(可燃性), 자연성(自然性) 인간이 그것이다. 불연성은 불을 붙여도 잘 타지 않는 성질을 가진 사람, 즉 좀처럼 동기 부여가 안 되는 사람을 일컫는다. 이런 부류의 사람을 가슴이 차갑다는 의미의 '콜드 하트(cold heart)'로 부르기도 한다. 가연성은 맘먹고 불을 붙여야만 불이 타는 사람이다. 이들은 시키는 일만 잘하기 때문에 아무리 일을 잘해도 50점 이상을 주기가 어렵다. 마지막으로, 자연성 인간은 스스로 할 일을 찾고, 문제를 정의하며, 적극적으로 해결하는 사람이다. 이들은 스스로 살아 움직이며, 이들의 일상은 항상 도전이자 성장의 발판이다.

회사의 인재 육성 체계인 '캐럿 아카데미'는 직원들의 근무 연한과 직무, 역할에 따라서 공통 역량, 직무 역량, 리더십 부문으로 구성하여 다양한 온라인·오프라인 교육을 체계화하고 있다. 본인이 원하거나 리더가 필요하다고 판단하면 얼마든지 사내외 과정을 자유롭게 수강할 수 있다. 대학원 과정이나 대학 과정도 지원한다. 모든 교육은 과정의 형태나 기간에 상관없이 사전에 교육을 받아야 하는 이유와 목적을 적은 보고서를 제출하고, 이수한 후에는 정교한 교육 보고서를 작성해야 한다. 물론 이것도 인트라넷인 당근농장에 실시간으로 공개된다. 리더들은 교육 보고서를 꼼꼼하게 리뷰하고 가능한 한 빠른 시간 안에 피드백을 제공해야 한다.

체계적인 인재 육성 전략은 대기업만 가능한 것이 아니다. 필요성만을 따진다면 오히려 중소기업이 훨씬 더 간절하다고 할 수 있다. '어떻게 최고의 인재를 뽑을 것인가'보다 '어떻게 최고의 인재로 키워낼 것인가'에 승부를 거는 것이 현실적이기 때문이다.

한 경력 직원이 입사해서 만 2년이 되었을 때쯤이다. 어느 날 퇴직 의사를 밝혀서 부서장이 설득을 거친 후 내가 차 한 잔 나누면서 면담을 하게 되었다. 당근에서는 프로베이션을 통과하면 오랫동안 근무할 수 있도록 다양한 기회를 제공하고 배려한다는 인사 원칙을 가지고 있다. 필요하면 재충전의 시간을 제공하거나 직무에 대한 보수 교육을 제공하고, 직무 순환을 통해서 더 잘 맞는 일을 찾아준다. 나는 그의 성장을 적극적으로 지원하겠다는 자세로 마주 앉았다.

"솔직히 저는 성장 같은 것에는 별로 관심이 없습니다. 회사를 다니는 것은 돈을 벌기 위해서입니다. 돈을 많이 벌어서 편하게 살고 싶은 게 제 인생의 목표입니다."

근무하는 동안 그가 보여준 태도나 성과가 그리 나쁘지 않았기에 어느 정도 설득이 가능하리라고 기대했던 나는 그의 이야기를 듣고 바로 퇴직을 용인했다. 그는 일에서는 성과를 낼 수 있는 사람임에는 분명했다. 하지만 개인의 성장을 적극적으로 권장하고 지원하는 당근의 조직 문화와는 맞지 않는다는 판단을 했기 때문이다. 한편으로는 그런 마음으로 2년 동안 버티느라 얼마나 힘들었을까 하는 생각에 연민을 느끼기도 했다. 그에게 우리 회사는 몸에 맞지 않는 옷이었다.

손가락으로 꼽을 만큼 직원 수가 적었을 때도 사직을 고민하거나 일에 대한 열정이 보이지 않는 직원과 면담을 할 때 내가 단호하게 했던 말이 있다. 다음 두 가지에 해당하면 당장 회사를 그만두는 게 좋겠다고 말이다.

첫째, 회사에서 더 배울 것이 없다는 생각이 들면 당장 회사를 그만둬야 한다. 그런 회사를 다니다간 큰일 난다. 하루하루가 개인의 인생에 마이너스가 되고, 인생을 낭비하는 일이기 때문이다.

둘째, 일을 통해서 성장할 생각이 없다면 내일부터 나오지 마라. 이런 생각을 가진 사람은 고객과 동료들 그리고 회사에 큰 손해를 끼치게 된다. 성장할 생각이 없는 사람은 스스로를 조직의 부속품처럼 한계 짓고, 기계적으로 일을 처리할 것이다. 의욕이나 열정이 없는 사람은 주변 사람들까지 기운 빠지게 한다.

교육의 효과와 만족도를
동시에 고민하다

수년간 기업에 교육 서비스를 제공하면서 재미있는 아이러니를 경험했다. 아무리 훌륭한 강사를 모시고 의미 있는 교육을 진행해도 학생들이 느끼는 교육 만족도가 낮으면 실패한 교육이 되고 만다는 점이었다.

나는 미국에서 경영학을 공부하면서 한때 협상과목의 매력에 푹 빠졌다. 그래서 한국에도 이런 강의가 있으면 좋겠다는 생각에 틈틈이 자료를 모으고 과정을 개발했다. 이후 한국에 돌아와서 강의를 몇 차례 하게 되었는데, 강의를 시작하기 전에 교육 담당자들은 약속이나 한 듯 '재미있는 강의'를 해달라고 요청했다. 재미있는 강의? 처음 이 말을 들었을 때 무척 혼란스러웠다. 그들은 교육의 질이나 효과보다 학생들의 강의 만족도가 더 큰 관심사였던 것이다. 이런 실정이다 보니 강사는 교육의 질보다는 어떻게 적절하게 재미를 줄 것인가를 먼저 고민해야 한다. 교육과정을 기획하고 결과에 대해서 책임을 져야 하는 교육 담당자와 강의를 다시 추천받아야 하는 강사는 높은 만족도라는 외나무다리를 건너기 위해 암묵적인 타협을 해야만 하는 것이다.

자세히 살펴보니 그럴 만한 이유가 있었다. 바로 교육의 효과를 객관적으로 평가하는 체계를 가지고 있지 않았기 때문이었다. 회사가 역량에 필요한 교육을 설계하고 진행하면서도 평가는 교육의 효과나 수행의 결과가 아닌 수강생들의 정서적 만족도로 이루어지고 있는 것이다. 선생이 학생의 교육 수준을 평가하는 일반적인 교육 현장과는 정반대가 아닌가? 과연 누가 누구를 평가하는 것이 옳은가? 하지만 일반적인 기업 교육 현장에서는 대부분 학생이 강사를 평가하는 것이 현실이 된 지 오래다. 교육의 목적과 강의 평가가 따로 노는 것이다. 교육인지 휴식인지 뚜렷한 동기 없이 교육에 참가하거나 강의시간 내내 졸던 학생이 교육에 대해 높은 만족도를 줄 리는 만무하다. 그러니 강사는 높은 만족도를 받기 위해서 5분마다 한 번씩 학생들을 웃겨줘야 한다는 공공연한 비법이 통용되는 것도 충분히 이해할 수 있다. 하지만 강의의 질적인 수준과 교육의 효과를 제대로 평가하지 않은 채, 오로지 학생들에게 좋은 점수를 얻기 위한 수업이 된다면 만족도 점수 95퍼센트가 무슨 의미가 있겠는가?

이것은 비단 기업 교육 현장의 이야기만은 아니다. 가끔 대학 교수를 만나면 같은 고민을 하는 것을 알 수 있다. 매 학기가 끝나면 학생들이 온라인에서 강의 평가를 하기 때문이다. 학생들의 수업 몰입을 위해서 '재미' 요소는 분명히 도움이 되지만, 어느 선에서 재미와 수업의 질을 충족할 것인가는 쉽지 않은 문제다. 엄격한 학점 관리와 교수의 열정이 오히려 만족도에 역행하는 결과로 나타나고 교수들의 사기를 떨어뜨리는 경우가 허다하기 때문이다. 내가 아는 어떤 교수는 요즘 대학생들은 30초에 한 번씩 웃겨주지 않으면 안 된다고 하소연을 하기도 했다.

당근은 이 부분에서 오랜 시간 동안 많은 고민을 했다. 단지 강사에 대한 만족도를 높이는 것이 아니라, 교육을 통해 고객사의 글로벌 역량을 강화하고 경영에 기여하는 것이 우리의 사업 미션이기 때문이다. 최소한 어학은 측정에 대한 범주들이 보편적으로 합의되어 있어 교육의 효과나 향상도를 객관적으로 측정할 수 있을 거라고 판단했다.

대부분의 경쟁사들은 교포나 원어민 강사들을 파견하여 학생과 1:1 또는 1:그룹 인터뷰 방식을 통해서 실력을 측정하고 있었다. 그런데 이 방법은 결정적인 오류를 범할 수 있는데, 첫 번째는 동일한 영역을 평가하더라도 평가하는 사람의 주관에 의해서 점수가 달라질 수밖에 없다는 점이다. 두 번째는 강사가 교육의 효과를 평가하는 경우 당연히 자신이 가르친 학생에게 좋은 점수를 주고 싶은 마음이 앞서 '긍정 오류(Positive bias)'를 범할 수 있기 때문이다. 이러한 방식으로는 평가에 대한 '신뢰도'와 '타당도'를 전혀 충족할 수 없다.

 강의 평가와 관련해 일반적으로 교수 현장에서 많이 적용하는 모델이 있는데, 도널드 커크패트릭(Donald Kirkpatrick)이 제안한 4단계 평가 모델이다. 1단계는 강의 만족도이고, 2단계는 교육 성취도 평가, 3단계는 교육 이수 후 얼마나 현업에서 적용할 수 있는지의 전이에 대한 평가, 4단계는 경영자의 관심인 경영 성과 기여도에 대한 평가다. 최근에는 교육에 투입한 비용과 이익을 산출하여 비교하는 ROI 평가를 더하기도 한다. 즉 교육 담당자들이 윗선에서 가장 많이 듣는 이야기인데, 과연 이렇게 교육에 투자해서 이익을 얼마나 얻느냐 하는 계량적 관점의 효과성을 의미한다. 3단계, 4단계, 5단계를 측정하기 위해서는 여러 단계의 프로세스를 거쳐야 하며 평가와 관련한 전문적인 지식이 필요하기 때문에 뚜렷한 목적이 있을 때 시행한다. 하지만 일반적인 교육 현장에서도 최소한 2단계 수준인 교육 성취도를 토대로 과정을 평가해야 함은 분명하다. 학습자들의 정서적 만족도인 1단계 점수는 과정 설계 시 참고 사항 정도로 고려하는 것이 바람직하다.

어떻게 하면 교육의 효과를 제대로 측정할 수 있을까? 이러한 고민 끝에 당근은 연구소 산하에 전문평가센터(Assessment Center)를 두게 되었다. 영어와 중국어 및 다양한 언어 역량에 대한 평가뿐만 아니라 프레젠테이션, 캐럿연구소가 성균관대학교 응용심리연구소와 공동연구를 통해 만든 글로벌 역량 척도(GCAT: Global Competency Assessment Tool) 등 다양한 형태의 평가 방법을 개발하고 전문적으로 훈련받은 인력들에 의해 체계적인 평가가 이루어지도록 했다.

글로벌 역량 척도(GCAT)를 만들기 위해서 몇 년 동안 산학 협력 연구를 수행했으며, 수준 높은 학술논문으로 이어지는 성과를 이루기도 했다. 이렇게 이루어진 평가들은 시스템을 통해서 제공함으로써 오류를 최소화하고, 산업별·직군별 데이터베이스를 종적으로 관리 분석함으로써 회사와 개인의 수준을 객관적인 자료에 근거해 피드백해준다.

어떤 교육학자는 "시험이 없는 교육은 교육이 아니다"라고 했다. 교육 입과 전 사전 분석과 교육이 종료되는 시점에서 제공하는 사후 분석을 통해서 입과 전부터 학생들의 동기를 자극할 뿐만 아니라 교육 효과도 체계적으로 관리할 수 있게 된 것이다. 이러한 당근의 접근 방법은 교육에 대한 투자 대비 효과를 극대화할 수 있으며, 이는 고스란히 고객사의 체계적인 글로벌 역량 강화로 귀결되고 있다.

다른 회사는
어떻게 하나요?

"올해는 어떤 주제로 고객들에게 통찰을 줄 수 있을까?"

10월 중순이 되면 당근은 150여 개의 주요 기업 HRD 담당자들을 호텔로 초청해서 글로벌 역량 강화에 대한 세미나를 개최한다. 첫 번째 포럼을 시작한 지 벌써 8년이 지났다. 세미나는 최근 이슈가 되고 있는 글로벌 트렌드 소개, 성공적인 글로벌 인사 전략 및 성공 사례 발표, 그리고 패널 토론으로 진행된다. 대한민국의 기업들이 글로벌 시장에서 더 큰 성공을 일구기 위해 우리는 많은 질문을 주고받고, 토론하면서 각 기업의 노하우를 공유한다. 어느새 '글로벌 역량 강화 HRD 포럼'은 국내 단일 회사가 주최하는 HRD 포럼 중 가장 전문적인 포럼으로 자리 잡고 있다. 지금 생각해보면 어떻게 그런 포럼을 단독으로 기획할 수 있었나 싶다. 분명한 점은 여력이 있어서 시작한 것이 아니라, 우리가 해야 한다는 사명감으로 시작했기 때문에 가능했다고 본다.

"다른 회사는 어떻게 해요?"

대한민국을 대표하는 수많은 기업 HRD 담당자를 만나면서 가장 흔하게 듣는 말이다. 불과 몇 년 전만 해도 대부분의 회사가 글로벌 역량이 무엇인지, 개념조차 없었다. 그러니 육성 체계도 없었고 교육 과정도 이전 방식을 그대로 답습하는 식으로 이루어질 수밖에 없었다. 주재원이나 장기 인력을 파견할 경우 일반 어학원에 위탁해 어학 점수를 획득하는 것이 일반적인 형태였다. 이 때문에 많은 사람들이 어학 점수를 획득하는 것을 지상 과제로 여겼다. 내가 전도사처럼 '글로벌 역량'이라는 말을 외치고 다녀도 그게 무엇이냐고 '정의'를 물어보는 사람도 없었.

이러한 과정을 거치면서, 나는 이들이 서로 만나 이야기할 수 있는 장(場)이 필요하다고 생각했다. 인재 양성이라는 사명을 안고 있는 HRD 담당자들이 시대적 요구인 글로벌 역량에 관한 정보를 공유하고 교류하는 것이 무엇보다 중요한 문제라고 생각했기 때문이다. 이것은 고객의 경쟁력을 높이기 위해서뿐만 아니라 국가 경쟁력을 위해서도 꼭 필요한 일이었다. 그런 고민 끝에 고객들을 한자리에 초청하여 '글로벌 역량 강화 HRD 포럼'을 개최하게 되었다.

같은 관점에서 나온 또 다른 실행 전략은 사보를 만드는 것이었다. 우리가 진행하는 다양한 교육 과정과 교육의 효과, 교육을 퍼실리테이팅하는 캐러션들의 이야기를 한데 모아 공유하는 것이다. 이렇게 만들어진 사보 〈당근농장〉은 격월로 발행되는데, 각 기업의 교육 담당자들은 다른 회사의 교육 과정과 글로벌 교육의 트렌드를 읽을 수 있어 큰 도움이 된다. 사보의 주인공은 바로 직원들의 성장을 견인하고 회사의 미래 역량을 키워가는 각 기업의 인사 교육 담당자들이다. 지금은 1000명이 넘는 HRD 담당자들이 두 달에 한 번씩 나오는 〈당근농장〉 사보를 기다린다. 사보는 이제 최신 교육에 대한 다양한 정보와 피드백을 제공하는 동시에 글로벌 교육 영역 전문가들의 커뮤니케이션 매체가 되고 있는 것이다.

사보는 110여 명의 캐러션들과 800여 명에 이르는 강사들에게 소통의 장을 제공하기도 한다. 미국, 캐나다, 중국 베이징과 다롄, 필리핀 마닐라 등 원격교육센터에 있는 강사들에게도 전달된다. 사보는 어느새 우리가 무엇을 하고 있는지 되돌아보고 공유하며 피드백하는 도구가 되었다. 과정을 성공적으로 진행한 매니저는 성공 이야기를, 멘토링데이 발제자는 책에 대한 이야기를, 멀리 아웃팅을 다녀온 친구는 생생한 추억을 담는다. 나는 사보에 한 페이지짜리 CEO 메시지를 쓰기 위해서 두 달을 고민한다. 어떤 메시지를 가지고 직원과 강사들 그리고 HRD 담당자들과 소통할 것인가를 숙고한다.

이렇게 만들어진 사보는 회사 공동의 성취이며 작품이다. 나는 언제부터인가 항상 가방에 사보 한두 권을 넣고 다닌다. 우리 회사가 어떤 회사인지 궁금해하는 사람이 있으면 사보를 꺼내어 읽어보라고 드린다. 그 안에 우리와 우리 고객의 이야기가 모두 담겨 있기 때문이다.

글로벌 역량은 단지 영어를 잘하는 것이 아니다. 선진 기업들이 고민하는 주제를 시간차 없이 같은 수준에서 고민하고, 더 나은 해결책을 찾아낼 수 있어야 한다. 즉 최고의 수준에서 세상 흐름을 관찰하고 그 추이를 해석해야 한다. 고객들이 이런 역량을 확보할 수 있도록 당근의 언어교육연구소에서는 매달 〈하버드 비즈니스 리뷰〉의 핵심 이슈들을 번역하여 HRD 임원들과 담당자들에게 보낸다. 〈하버드 비즈니스 리뷰〉는 가장 뜨거운 인사 관련 어젠더를 다루고 있으며, 세계적으로 권위 있는 인사 전문가들의 의견을 소개하는 만큼 글로벌 관점에서 인사 전략을 이해하는 데 큰 도움이 된다.

글로벌 역량 강화 HRD 포럼을 개최하고 사보를 발간하여 지식과 트렌드를 많은 사람들과 공유하는 것은 해를 거듭할수록 그 가치를 더하고 있다. 당근은 고객을 접대하는 술 영업을 하지 않는다. 나부터 그런 접근을 좋아하지 않는다. 대신 그 비용을 줄여 고객을 초청하여 호텔에서 포럼을 진행하고, 양질의 정보를 사보에 소개하여 공유한다. 이는 마케팅 관점에서도 훨씬 더 생산적이고, 사회적 관점에서도 가치가 있다. 차별화된 접근으로 우리는 두 마리 토끼를 모두 잡고 있다고 자부한다.

의미 있는 보답을 실천하다

　　　　　　　　　　빵 한 조각과 수프 한 그릇이 전부인 나무식탁 앞에서 남루한 옷차림으로 감사의 기도를 드리는 노인의 모습.

　사춘기 시절 나에게 깊은 인상을 준 그림이다. 노인의 손가락 마디마디와 얼굴에 파인 깊은 주름, 전반적으로 단조로운 가운데 배어 나오는 엄숙함이 보는 이로 하여금 생각에 잠기게 한다. 나에게 이 그림은 예술 작품이라기보다 역동적 삶의 한 장면으로 다가왔고, 보면 볼수록 마음이 뭉클해졌다.

　1918년 에릭 엔스트롬의 사진에 담긴 이 장면은 후에 사진가의 딸이 캔버스에 옮겨 그렸다. 그리고 그림에 '그레이스(grace,

은총)'라는 제목을 붙였다.

당근을 창업하면서 경영위원들과 약속한 것이 있다. 회사가 손익분기점을 넘으면 그때부터 이익의 일정 부분을 사회에 환원한다는 원칙이다. 회사는 사회적 상호작용의 산물이며 사회를 구성하는 한 부분이기 때문에 기업 시민으로서의 역할을 다 해야 한다고 생각했다. 회사 규모가 커지고 이익이 흘러넘칠 때 크게 기부하겠다는 생각은 어쩌면 영원히 기부하지 않겠다는 것과 다름없다. 치열한 시장에서 기업의 생존율은 복권에 당첨되는 것보다 더 어려우니 말이다. 기부는 양의 문제가 아니라 책임감과 선의 그리고 지속적인 실천의 이슈라고 생각한다. 상황이 넉넉지 않을 때 타인을 위해 적은 금액이라도 기부해본 사람이 상황이 좋아지면 자연스럽게 큰돈도 기부하게 되는 게 아닐까?

나는 지금껏 살아오면서 주위로부터 많은 도움을 받았다. 머릿속에 들어 있는 지식마저도 온전히 나 홀로 만들어낸 것이 없다. 어린 시절 죽음의 문턱에서 병마와 싸우는 나를 돌봐주신 손길, 학창시절 공부에 재미를 붙이게 해준 장학금과 이름도 모르는 고등학교 동문 선배로부터 받은 10만 원짜리 수표 한 장, 유학시절 자원봉사로 나의 부족한 영어 실력을 끌어올려준 은퇴 교사 수잔 할머니와 퇴직 의사 마크 선생님, 한인 교회 목사님과 사모님, 그리고 사업을 시작한 동양인 제자가 어려움을 호소하자

돈을 보태주신 샌포드 교수님 등 이루 헤아릴 수 없는 은인들이 있었다.

이분들에게 진 빚을 어떻게 갚을 수 있을까? 찾아뵙고 싶은 마음이 간절했지만 고민 끝에 마음의 빚을 내려놓기로 했다. 대신 그분들이 나에게 베풀었던 것처럼 지금 나의 도움이 필요한 사람들에게 내가 받은 것을 돌려주는 것이 더 의미 있는 보답이라고 생각했다. 이것이 더 좋은 세상을 만들어가는 실천이라는 확신이 들었다. 그리고 이 약속은 지금까지 해마다 다양한 방법으로 지키고 있다.

그중 하나는 한국국제봉사연합회(KOVA)와 함께 하는 아프리카 어린이 500인 식탁 지원 사업이다. 우리의 목적은 케냐 어린이들에게 굶주린 배를 채울 수 있도록 점심 한 끼를 제공하는 것뿐만 아니라 아이들에게 영어교실과 책을 읽을 수 있는 환경을 지원하는 것이다. 사회 시스템에서 소외된 아이들에게 먹는 것보다 더 중요한 것은 교육이고, 이것이 곧 희망의 씨앗이라고 생각한다. 아프리카 현장을 보러 가자는 KOVA 측의 제안이 있었지만 매번 거절했다. 그 먼 거리를 다녀올 비행기 값이면 수백 명의 아이들에게 보름치의 식사를 제공하고도 남기 때문이다. 물론 현장을 보면 감흥은 있겠지만, 그런 감흥이라면 인간에 대한 연민과 공감 그리고 겸허한 삶의 철학을 겸비하는 것만으로도 충분하다.

아프리카는 그동안 우리에게 미지의 땅이었다. 우리는 그들의 역사와 문화 그리고 삶에 대해 별로 아는 바가 없고 관심도 없었던 것이 사실이다. 하지만 분명한 점은 그들도 우리와 함께 동시대를 살아가는 인류사의 한 부분이기 때문에, 생존과 다양한 사회 문제에 직면해 있는 그들의 현실을 모른 척 외면하고 지나쳐서는 안 된다는 것이다. 우리가 인식하든 인식하지 못하든 간에 우리는 범지구적으로 상호작용을 하고 있으며, 동시에 인류애적인 책임이 있다.

미래학자 앨빈 토플러가 이야기했듯이 지식 정보화 혁명을 초단기간에 이루어낸 한국은 세계에서 가장 빠른 경제 성장과 부를 일군 나라지만, 풍요로움의 그늘에 가려져 있는 기업의 사회적 의무가 중요한 이슈로 떠올랐다. 이제는 경제 주체들이 물질적 풍요를 넘어 기업 시민으로서 어떤 역할을 해야 하는지, 우리가 추구하는 사회적 가치가 무엇인지 고민해야 할 때다.

3

사람과 소통을 중심에 두다
— 비비고, 문대고, 떨어지고 싶지 않은

나는 보다 나아지려고 애쓰면서 사는 삶보다
낮게 사는 방법을 모른다.
— 소크라테스

우리의 소통 방식은 하이퍼커뮤니케이션

연말이 되면 미국의 경제지 〈포춘〉은 일하기 좋은 회사(Great Work Place) 100대 기업을 선정하여 비즈니스계의 관심을 모은다. GWP는 조직 구성원에 대한 급여와 복지, 함께 일하는 사람들과의 관계, 상사와 경영진에 대한 신뢰와 만족도를 지수화한 것이다. 최근에는 한국에서도 대기업을 중심으로 좋은 일터 만들기를 위한 직원 만족도 조사를 연례행사처럼 실시하고 있다. 이제는 직원을 만족시키지 않고서는 기업 경쟁력을 확보할 수 없는 시대가 되었기 때문이다.

그런데 이런 조사 결과를 자세히 살펴보면 공통점이 있다. 직원들이 꼽는 가장 큰 불만 요소가 국내외 기업을 막론하고 '소통의 부재'에 있다는 것이다. 그들은 조직 내 많은 문제들이 소통의 부재에서 비롯된다고 생각한다. 하지만 정작 개인들은 원활한 소통을 위해서 많은 노력을 하고 있다고 응답한다. 그들 한 사람 한 사람이 모여 조직을 구성한다는 점을 감안할 때 이는 아이러니한 일이다. 분명한 사실은 동양과 서양을 막론하고 개인적으로나 조직 전체적으로 소통은 매우 중요하다는 것이다.

당근도 상반기와 하반기 1년에 두 번씩 조직 만족도를 조사하고 있다. GE(제너럴 일렉트릭) 모델을 벤치마킹하여 당근의 상황에 맞게 적용했다. 모든 조사가 그렇듯이 조직 구성원들로부터 신뢰받지 못하는 조사는 의미가 없다. 따라서 처음부터 조사와 분석, 활용의 절차를 공개하고 익명성을 보장한다는 원칙을 세워 이를 엄격하게 지키고 있다. 경영자가 이러한 원칙을 지키려고 노력하는 모습을 일관되게 보여줄 때, 직원들도 안심하고 조사에 임한다. 만족도 조사 결과는 리더십 워크숍에서 인사 책임자가 발표하고, 경영위원들이 패널이 되어 토론에 부쳐진다.

3년 전 처음으로 회사 만족도 조사를 실시했을 때 80점이 나왔다. 더 높은 점수를 기대했던 나는, 직원들이 매긴 회사에 대한 만족도 점수를 받아들고 당황한 나머지 얼굴이 빨개졌다. 그동안 좋은 회사를 만들기 위해 얼마나 노력해왔던가? 조직원들의 회사에 대한 만족도와 경영 신뢰도를 훨씬 높게 기대했던 나는 다시 한 번 겸손해지지 않을 수 없었다. 동시에 다른 회사의 직원 만족도는 어느 수준인지 궁금해졌다. 그래서 세계적인 기업들의 직원 만족도를 확인해본 결과 마이크로소프트는 5점 만점에 3.5점이었고, 휴렛패커드는 2.4점이었다. 최고의 일터로 꼽히는 구글도 5점 만점에 4점을 간신히 넘는 정도였다. 세계적인 기업들도 직원 만족도가 당근보다 높지 않음을 확인하니 조금 위안이 되었다. 아울러 어떤 조직에서 일을 하건 사람들은 일정 부분 불만을 갖는 것이 당연하다는 생각이 들었다. 따라서 회사 만족도 조사는 타사와 비교하기 위해서가 아니라 조직 발전을 위해서 어떤 요소에 더 집중할 것인가를 고민하는 목적으로 사용하는 것이 더 의미 있음을 알게 되었다.

특이한 점은 당근의 경우 회사 만족도, 직무 만족도, 근무 여건, 리더십, 커뮤니케이션, 인재 육성, 평가, 업무 가치관 등 8개의 평가 항목 중 '커뮤니케이션'에 대해서 직원들이 항상 높은 점수를 주고 있다는 것이다. 이 정도 점수면 아마 대한민국에서 가장 소통이 잘되는 조직 중 하나라고 자부해도 될 것이다. 이는 매우 중요하다고 본다. 왜냐하면 구성원들이 조직과 소통할 수 있다고 믿을 때 어떤 문제든 창의적인 방법으로 해결할 수 있기 때문이다. 조직이 역동적으로 살아 움직일 수 있다는 것이다. 물론 당근의 수평문화가 그 바탕에 깔려 있기는 하지만 몇 가지 소통 원칙이 있기에 가능했다고 본다.

나는 소통의 일등공신으로 당근의 '하이퍼 커뮤니케이션(hyper communication)' 원칙을 꼽는다. 하이퍼 커뮤니케이션이란 상, 하, 좌, 우 동시에 소통하는 방식을 일컫는다. 업무에서 일어나는 상황을 사실 위주로 기록하고 인트라넷이나 이메일을 통해 모든 관련자들과 공유하는 것이다. 고객을 컨설팅하면서 사용하는 용어와 사내 업무 용어는 인트라넷 'CARROT 용어사전'에 담아 소통에서 생길 수 있는 혼선의 여지를 줄이고 있다. 예를 들면 수평 조직 문화에 대한 정의와 OJT의 목적, 멘토링데이, 당근의 인재상, 팀의 정의, 업무 중 금기사항 세 가지, 톨레랑스 리더십, 캐럿 구호, 잡 로테이션, 핵심 성과 지표와 같은 것들이다.

이러한 커뮤니케이션 방식은 경력직으로 입사하는 직원들에게는 아주 낯설고 어려운 부분이기도 하다. 자신의 이메일을 여러 사람과 공유해야 하는 원칙은 심리적인 불편함을 동반할 수 있기 때문이다. 하지만 조금만 익숙해지면 이러한 커뮤니케이션이 아주 효과적이며 자신이 곧 수혜자임을 알 수 있다. 자신의 문제를 상사와 관련자들이 같은 입장에서 고민해주고 최선의 해결 방법을 찾을 수 있도록 도와준다. 일을 진행하면서 정보 공유의 부재로 인한 불신이나 오해를 걱정하지 않아도 되고, 상사나 업무 관련자들에게 자초지종을 처음부터 다시 설명하느라 시간과 에너지를 낭비할 필요도 없다. 따라서 직원들은 서로 눈빛만 봐도 저 친구가 지금 무슨 일 때문에 고민하고 있는지, 상태가 어떤지 금방 알 수 있다.

동일한 원칙에서 사업 리더들은 팀 내 중요한 이슈들에 대한 이메일 커뮤니케이션에서 CEO인 나의 의견을 적극 참조한다. 나는 이런 커뮤니케이션의 흐름을 보면서 회사 전반의 이슈들을 실시간으로 직원들과 공유하면서, 내가 꼭 개입해야 한다고 판단하는 경우에만 관여를 한다. 방향에 대해서 같이 이야기하고 조정하는 일종의 코칭 역할을 하는 것이다. 투명한 커뮤니케이션을 하면 정보의 왜곡이나 사실에 대한 편향된 해석도 훨씬 줄어들게 된다. 소통이 물처럼 흐르기 때문에 이런 하이퍼 커뮤니케이션에 익숙해지면 업무의 시간과 효율성 면에서 가장 큰 수혜자는 바로 자신이 된다.

또 하나의 원칙은 피드포워드(feed-forward)다. 피드백은 보고가 완료된 시점에서 상사가 부하직원에게 주는 것으로 생각하기 쉬운데, 당근에서는 일의 주체인 개인이 진행 사항에 대해 상사나 업무 관련자에게 지속적으로 업데이트해주는 것이다. 상사의 피드백을 받기 위해 시간을 허비하지 않아도 되고, 상사는 필요하다고 판단하면 언제든 중간에 개입해 코칭을 한다. 우리의 공동 목표는 효율적으로 문제를 해결하고 최선의 결과를 만들어내는 것이다. 물론 이는 개인에게 일을 주도적으로 처리할 수 있는 권한과 책임이 주어진 조직 문화가 선행되어야 가능하다.

　소통은 조직 역동성의 시작이자 끝이다. 많은 문제가 여기에서 비롯되며, 동시에 소통이 원활한 조직은 효율적인 운영을 통해 시장에서 승리를 쟁취할 수 있는 강력한 내부 경쟁력을 확보할 수 있게 된다. 하지만 좋은 소통 문화는 입으로만 강조한다고 만들어지지 않는다. 먼저 리더들이 열린 소통의 원칙을 지키기 위해 솔선수범해야 한다. 자신은 마음을 열지 않으면서 부하직원들에게만 마음을 열라고 강요하면 절대 성공할 수 없다. 동시에 정교한 소통 원칙을 만들어 조직 구성원들과 공유하고, 그 결과 조직이 더 효율적으로 운영될 수 있음을 경험하게 해주는 것이 성공 요인이다.

분자 구조 모형과 수평문화

"이거 무슨 차예요?"

"보이차인데, 중국에서 아는 분이 보내주신 거예요."

"그래요? 어쩐지 차 맛이 다르다고 생각했어요. 색깔도 곱네요!"

지인이나 손님이 찾아오면 편안한 시간이 될 수 있도록 배려한다. 따듯한 차를 내리면서 차에 대한 이야기부터 시작하여 서로의 관심사에 대해 몇 마디 주고받으면 마음의 긴장도 풀린다. 그러고 나면 내 방을 둘러보던 사람은 자연스럽게 책 이야기로 화제를 옮긴다. 벽 한쪽에 책장 가득 책이 꽂혀 있고, 곳곳에 책들이 쌓여 있기 때문이다. 이 책들은 모두 나의 오랜 친구들이고 그 지식과 지혜 덕에 오늘의 내가 있으니 삶의 스승이자 동반자라 할 수 있다. 눈길이 가는 곳마다 책이 있으니 좀 많아 보이기는 한다. 사실 책만 있으면 인테리어도 고민할 필요가 없다. 한 권 한 권이 어떻게 탄생한 책인가? 지식과 정보를 기록한 저자의 노력은 물론이고 책 한 권이 출간되기까지 들어갔을 공을 생각하면 단돈 1~2만 원에 구입할 수 있다는 것이 감사할 따름이다. 그런 책들을 한데 모아놓으면 보기에도 좋고, 언제든 지적인 갈급을 되새김질 할 수 있으니 배도 부르다.

내 방에는 손님에게 차를 대접하기 위한 다구 세트와 직원들이 보내준 편지와 카드, 쪽지들을 모아놓은 공간과 아이디어나 필요한 기사들을 모아놓은 스크랩 면, 역동적인 두 필의 말이 끄는 고대 로마인의 전차 모형, 20세기 미국인들에게 가장 사랑받았던 화가 조지아 오키프의 〈백합〉, 나에게 삶의 본질을 일깨워주는 앙리 마티스의 그림 〈댄스〉가 있다. 손님과 이런저런 이야기를 나누다가 가끔은 내가 손님에게 묻는다.

"제 방에는 보물이 하나 있습니다. 혹시 무엇인지 아시겠습니까?"

그러면 손님들은 방을 다시 한 번 둘러보며 보물찾기를 시작한다. 직원들이 〈타임〉 표지에 내 얼굴을 그려넣은 그림을 꼽는 분도 있고, 당근의 100년 달력을 꼽는 분도 있다. 물론 모두 소중한 보물이다. 하지만 내가 가장 소중히 여기는 보물은 창문 앞에 올려놓은 얼기설기 얽힌 분자 구조 모형이다. 내 대답을 듣고 난 사람들은 다시 의아한 표정으로 이야기를 기다린다.

은행에서 돈을 빌리거나 벤처기업 신청을 하는 등 행정 절차를 거칠 때 반드시 요구하는 것이 회사 조직도다. 그때마다 고민에 빠진다. 우리 회사는 수평문화를 지향하기 때문에 기계적 방식의 조직도를 그리지 않을뿐더러, 요식 행위로 그런 도식을 그려놓는 것 자체도 썩 내키지가 않았기 때문이다. 그렇다고 현장 조사를 나와서 조직도를 달라고 요구하는 담당관을 무시할 수도 없는 노릇이었다. 당시에 그나마 있었던 조직도는 '창조적 지식기반 서비스'를 중심으로 회사 내의 커뮤니케이션 방식과 사업 기능, 기초 사업단위를 원형으로 그려놓은 것이었다. 이것을 가지고 아무리 설명해도 그들은 이해하지 못했고, 이러한 조직도는 받아줄 수 없다고 했다. 상하가 명확하게 표시된 도식으로 조직을 이해하는 사람들에게 어떻게 하면 당근의 철학과 조직 문화 그리고 조직의 메커니즘을 이해시킬까를 고민했다. 그러다가 아이들이 가지고 노는 분자 구조 모형의 과학 상자가 떠올랐다.

당근의 분자 구조 모형 조직도는 기본적으로 투명성과 커뮤니케이션이라는 철학을 바탕으로 한다. 아래쪽은 모두 검은색 분자(탄소)들로 구성되어 있고, 위쪽은 산소·질소·수소 등을 의미하는 빨강·노랑·파랑 등의 분자 모형으로 구성되어 있다. 이들 원소들은 모두 연결되어 있는데, 이는 당근의 하이퍼 커뮤니케이션(동시에 관련자 모두와 소통하는 것) 방식을 의미한다. 분자 구조 모형은 언제든지 형태를 바꿀 수도 있으며 창의적인 조직 운영을 형상화하고 동시에 전체가 하나처럼 살아 움직이는 유기체임을 상징한다. 수평문화를 지향하는 이유는 바로 개인의 잠재 능력을 최대한 펼칠 수 있도록 하기 위함이고, 이를 통해서 조직에 창의성과 생명력이 살아 숨 쉬게 하려는 것이다.

바로 이 분자 구조 모형 안에 당근의 존재 이유와 지향점 그리고 우리가 추구하는 모든 것이 들어 있다. 내 방의 보물 1호라 해도 손색이 없다. 경직된 틀에서는 다양한 생각이 나올 수 없다. 조직 구성원들이 창의적이고 열정적으로 자아 실현을 하기 위해서는 조직 구조가 유연해야 함은 두말할 필요도 없는 것이다.

살아 움직이는 조직

"제임스 님, 이 문제는 어떻게 할까요?"

"제임스 님, 이번 프로젝트 방향에 대해서 논의가 필요해요!"

직원이 20명을 넘어서면서 이전에 경험해보지 못한 문제들이 복합적으로 생겨나기 시작했다. 문제나 논의 사항이 생길 때마다 직원들은 나를 찾았다. 직원이 10명 안팎일 때는 내가 직접 나서는 게 가능했다. 하지만 직원 수가 늘고 부서가 여럿 생기자 그 모든 문제를 나 혼자 감당하기에는 너무 많은 에너지와 물리적 시간이 필요했다. 이 문제를 해결하지 않으면 다람쥐 쳇바퀴 돌듯이 늘 같은 문제를 붙들고 씨름해야 할 것 같았다. 그래서 고민 끝에 생각한 것이 아메바처럼 조직을 단순하게 만드는 것이었다. 조직을 사업 단위로 나누고 그 안에서 다시 나눔으로써 성장 분열을 지속하면서 살아 움직이는 조직 형태를 만들어야겠다고 생각했다. 수평문화에서는 얼마든지 가능하고 자연스러운 형태의 조직이 될 수 있었다. 이런 형태의 조직이 제대로 기능하려면 무엇보다 모든 문제에 직접 관여하겠다는 욕심을 내려놓아야 했다. 동시에 중간 리더 계층을 집중 양성해 그들에게 권한을 위임함으로써 스스로 문제를 해결하는 조직이 되어야 했다.

의사결정 단위를 소규모 조직으로 전환하는 것은 여러모로 효과적이다. 고객 접점에 있는 리더는 빠른 의사결정을 할 수 있을 뿐만 아니라 스스로 의사결정에 대한 책임을 지게 된다. 또한 직원들은 의사결정 과정에 직접 참여하는 기회를 가짐으로써 주인의식을 가지고 일하게 된다. 주인의식이 내적 동기를 자극하는 데 절대적인 영향을 미치는 요인임을 감안할 때 이런 시스템은 리더나 직원 모두에게 주도적으로 일을 처리할 수 있는 환경을 제공한다. 더욱이 결과에 대한 빠른 공유와 피드백이 단위 조직 안에서 활발하게 이루어지면서 구성원들의 성장을 촉진하게 된다.

이러한 모델이 성공적으로 진행되기 위해서는 중간 리더와 경영진의 두터운 신뢰 관계와 적극적인 커뮤니케이션이 전제되어야 한다. 우선 리더들에게 충분한 권한과 책임을 부여해야 하는

데, 수평문화를 지향하는 당근의 조직 문화는 이러한 관점에서 적합하다고 볼 수 있다. 당근은 사람과 자금 그리고 사업을 추진할 수 있는 권한을 리더들에게 전적으로 위임했다. 다만 조직 및 회사와 방향이 일치하지 않거나 마찰이 있을 때는 충분히 이해하고 공감할 때까지 내가 나서서 토론하고 조율하며 도와야 한다. 여기에는 실로 많은 시간과 인내가 필요했다.

나는 이러한 조직 운영의 아이디어를 프린스턴 대학교 조지 밀러(George A. Miller) 교수에게서 얻었다. 밀러 교수가 소개한 '매직넘버 7±2'의 원칙은 조직 전략에 관한 중요한 통찰을 제공해 준다. 이에 따르면 인간의 단기기억 처리 메커니즘은 동시에 최대 5~9개만 처리할 수 있으며, 그 이상이 되면 효과가 급격히 떨어진다. 군대 조직을 예로 들어보면, 가장 하부 조직인 분대는 10명 내외의 인원으로 구성되며 그 상위 조직인 소대, 중대, 대대, 연대 등은 모두 5개 이하의 하부 조직으로 구성된다.

당근은 이러한 관점에서 아메바 조직을 구성할 때 가장 하부의 팀 단위를 어떻게 구성해야 할지 개념을 정하고 최소한의 운영 조직을 만들어냈다. 그러다 보니 중간 리더들이 많이 필요했고, 그런 리더들을 집중적으로 육성함으로써 지속적인 성장의 틀을 마련할 수 있었다. 아메바형 조직이 정착하면서, 나는 더 많은 시간을 리더십 구축에 집중했다. 리더들의 개인적인 성향뿐만 아니라 조직원들과의 관계나 신뢰도를 파악하고, 일과 중 가능한 한 많은 시간을 그들에게 할애했다. 한 리더의 역량과 의식 수준은 구성원들에게 직접적인 영향을 미치면서 팀워크와 사업 성패를 좌우할 뿐만 아니라 다른 조직에도 영향을 미치기 때문이다.

당근의 리더들은 주도적으로 의사결정을 할 수 있도록 재량권을 부여받는다. 동시에 두 가지 임무가 주어진다. 하나는 사업의 견인이고, 다른 하나는 조직 구성원의 성장이다. 나는 그들의 의사를 최대한 존중하고 배려하려고 노력한다. 만일 방향성에서 충돌이 있다고 판단하면 스스로 실행 의지를 보일 때까지 토론하며 접점을 찾아가는 인내력을 발휘해야 한다.

회사 전체로 볼 때, 스스로 살아서 움직이는 조직을 만드는 데 효과적인 메커니즘은 '학습조직'을 구축하는 것이다. 돈에 의해 자극되는 동기는 생각보다 강하지 않다. 동기가 부여되는 시간이 극히 짧고, 자극이 사라지면 동기도 즉시 사라진다. 하지만 무언가를 향한 마음을 가지게 되면 이것은 강력하고 지속적인 동기가 된다. 스스로 내부에서 작동하기 때문에 외부의 자극이 지속적으로 필요하지도 않다. 바로 인간이 가진 초동기(meta-motive)인 성장 욕구를 자극하면 그것이 일을 통해 활활 타오르게 된다.

당근에 들어오는 신입 사원들은 1년만 지나도 엄청나게 변화한 모습을 보인다. 지켜보는 나는 물론이고 그들 스스로도 그렇게 느낀다. 이는 조직 내 성장 지향 메커니즘이 강력하게 작동하기 때문이다. 개인도 팀도 조직도 모두 성장의 용광로가 되는 것이다.

가끔 이러한 학습문화를 거부하거나 거기에 적응하지 못하는 사람들이 있다. 학습을 강제적인 것으로 인식하는 경우는 일과 학습을 같이 한다는 것을 이해하지 못하기도 한다. 특히 일과 삶을 분리하는 태도를 가진 사람은 회사가 지나치게 높은 기준을 요구한다고 생각할 수도 있다.

하지만 자신의 성장을 갈망하지 않는 사람에게는 어떤 변화나 가능성도 기대할 수 없다. 당근을 경영하면서, 그리고 많은 사람들과 함께 일해본 경험을 통해 나는 이를 확신하게 되었다. 따라서 아무리 스펙이 좋아도 일을 통해서 자신의 성장을 견인한다는 태도를 갖지 못하는 사람은 캐러션이 될 수 없다.

살아 움직이는 조직을 만드는 또 하나의 키워드는 다양성(diversity)이다. 조직이 다양한 유형의 사람들로 구성되어 있다는 것은 그만큼 창의적이고 역동적일 수 있다는 이야기다. 인간은 본능적으로 자기와 닮은 사람에게 호감을 느낀다. 심리학에서 서로 같은 유형의 사람을 선호하는 인간의 본성을 호모필리

(homophlily)라고 하는데, 생각이나 행동, 하물며 외모라도 조금 닮으면 자연스럽게 호감이 간다. 익숙한 것이 편하기 때문이다. 그래서 지연이나 학연의 굴레에서 벗어나기가 그렇게 어려운 것이다. 하지만 강해지기 위해서는 서로 다른 것들과의 얽힘이 필요하다. 지구상에 현존하는 모든 종들이 더 강해지고 더 오래 생존하는 데는 얽힘이 강력한 기제로 작동했다. 이는 조직 운영에 시사하는 바가 크다. '다름'에서 나오는 역동성과 다양성을 더 큰 하나로 조화롭게 만드는 것은 리더의 몫이다. 당근이 매일매일 성장하고 살아 움직이는 조직이 될 수 있는 이유가 여기에 있다.

직원 3명에
경영위원 4명

'한국 기업들의 글로벌 역량을 어떻게 강화할 것인가?'

미국에서 공부하는 동안 그리고 귀국한 후에도 이 질문이 머릿속을 떠나지 않았다.

결국 이런 간절한 고민이 사업의 단초가 되었다. 나는 머릿속에 뒤죽박죽 섞여 있던 생각들을 A4용지 3장으로 담아냈다. 사업 계획이라고 하기에는 초라했지만 사업 목표와 비전 그리고 실행 계획의 우선순위를 정리한 것이었다. 이것을 들고 한 달 동안 지인이 있는 곳이면 어디든 달려가서 만났다. 때와 장소를 가리지 않고 마치 보험 가입을 권유하러 다니는 사람처럼 인연이 있는 선후배와 친구들을 찾아다니며 침이 마르도록 설명하고 또 설명했다. 하지만 사업 자금을 마련한다는 것은 결코 쉬운 일이 아니었다. 불확실한 미래의 위험을 함께 나누기 위해서 누군가를 설득한다는 것이 이렇게 힘든 일인 줄 미처 몰랐다.

처음부터 손사래를 치거나, 고개를 젓는 것은 차라리 나았다. 흔쾌히 참여하겠다고 약속해놓고 다음 날 아침 번복하는 경우도 많았다. 얼굴을 마주했을 땐 희망이 되어주었다가 돌아서면 상황이 달라지니 그 섭섭함은 이루 말할 수 없었다. 사회 경험이 적은 서른 살의 젊은이가 홀로 견뎌내기에는 만만치 않은 상처가 되었다.

어느 순간 나는 스스로 다짐했다. "이러다간 사업을 시작하기도 전에 친구와 지인들을 모두 마음의 적으로 만들 수 있겠다. 이 순간부터 사업과 인간관계를 확실히 구분하자. 사업으로 인한 어떠한 상처도 인간적인 감정으로 엮지 않겠다!"고 선언한 것이다.

그러던 어느 날 우연히 모임에서 삼성그룹 입사 동기를 만났다. 자연스럽게 사업 준비에 대한 이야기를 꺼냈고 도움을 청했다. 친구는 모임이 끝날 무렵에 선뜻 1000만 원을 투자하겠다고 했다. 결혼 5주년을 맞아 아내에게 줄 선물을 고민했는데, 이참에 내가 만드는 회사에 투자해서 주식을 선물하겠다고 했다. 그리고 다음 날 1000만 원이 입금되었다. 1호 투자자이자 희망의 불씨가 되어준 것이다. 그 후 삼성전자에서 근무하던 시절 옆에서 항상 지원하고 격려해준 선배와 대학 친구가 주주로 참여했다. 그들은 기꺼이 경영위원이 되어 주주 이상의 역할까지 수행해주었다.

초기에 아무 경험도 없이 망망대해에 던져진 나는 직관적으로 부족함을 채워줄 시스템이 필요하다고 생각했다. 그 시스템이 바로 경영위원제도라는 집단지도 체제였다.

누가 나에게 지금까지 당근이 어려운 길을 헤치고 나올 수 있었던 성공 요인이 무엇이냐고 묻는다면, 나는 주저하지 않고 경영위원 시스템이라고 대답할 수 있다. 그만큼 경영위원들은 당근의 시작부터 지금까지 그림자처럼 늘 함께해왔다.

경영위원들은 훌륭한 사업적 경험이나 배경을 가진 사람이 아니라 당근을 이해하고 언제나 함께 고민을 나눌 만큼 부담이 없는 사람이어야 했다. 그래서 나는 초창기 주주가 되어준 세 분을 모시고 경영위원회라는 집단지도 체제를 운영하게 되었다. 주식의 수나 개인적인 성향은 중요하지 않았다. 우리는 언제나 서로를 이해하기 위해 노력했고, 서로를 존중했다. 그리고 지금까지 모든 멤버들이 어려운 시간을 함께 보내며 당근의 성공을 견인하고 있다. 우리는 문제가 생기면 밤낮을 가리지 않고 모여서 머리를 맞대었다. 언제든 중요한 의사결정 사항들을 토론하고 결정할 준비가 되어 있었던 것이다. 나는 경영위원들과 회사의 모든 것을 공유했고, 경영위원들은 나에게 절대적인 신뢰를 보내주었다. 덕분에 기업 경영에서 부딪히는 많은 암초들을 슬기롭게 극복할 수 있었다고 믿는다.

이러한 집단지도 체제는 막강한 힘을 발휘한다. 특히 벤처기업이나 중소기업에서는 회사의 모든 의사결정권이 사장에게 집중되는 경우가 많다. 그렇다 보니 판단의 옳고 그름을 떠나 사장은 심리적 부담과 스트레스에 짓눌릴 수밖에 없고, 시간이 흐르면서 스스로를 고되고 외로운 섬으로 만들기 쉽다. 나의 경험에 비추어보면 회사가 어려움에 처했을 때 이러한 집단지도 체제는 큰 힘을 발휘했다.

대부분의 경우 사장은 중요한 의사결정이 필요한 경우 할 것인가 말 것인가의 기로에 서서 방황한다. 하지만 나는 의사결정은 할 것인가 말 것인가가 이슈가 되어서는 안 된다고 생각한다. 사장은 의사결정을 하는 순간에 100퍼센트 확신이 있어야 한다. 확신을 가지고 사업을 추진해도 성공하기가 쉽지 않은 것이 비즈니스 환경이다. 이런 관점에서 회사의 상황을 잘 알고 신뢰할 수 있는 경영위원들과 함께 문제를 공유하고 토론하는 것은 지혜로운 방법이 될 수 있다.

그런데 집단지도 체제가 시작은 좋지만 얼마 가지 못해서 흐

지부지되거나 안 좋게 끝나는 경우를 주변에서 흔히 목격할 수 있다. 그래서 당근의 경영위원제도는 일반적인 동업과는 그 내용과 질적인 면에서 차이가 있다. 이는 결국 신뢰의 문제인데, 신뢰의 크기는 친분의 정도나 주식 수 혹은 이익의 많고 적음으로 측정할 수 없는 심리적인 부분이다. 어떤 상황에서든 신뢰를 심어줄 수 있어야 하며, 서로 확인하고 검증하는 과정이 당연하면서도 자연스러워야 한다. 민감한 부분일수록 투명성을 유지하고 공동의 합의를 이끌어내는 지혜가 필요하다. 이런 노력이 지속되고 시간이 흘러야 진정한 신뢰가 쌓인다. 그러면 집단지도 체제는 집단지성 시스템으로서 그 진가를 발휘할 수 있게 된다.

회사에 새로 들어온 캐러션들은 경영위원제도를 자연스럽게 받아들이게 된다. 신입 사원 교육의 백미인 온보드 교육에서부터 멘토링데이나 워크숍, 리더십 포럼 등 회사에서 주최하는 각종 행사에 경영위원들이 적극적으로 참여하기 때문이다. 그래서 어떤 직원들은 나보다도 경영위원들과 더 친한 경우도 있고, 개인적으로 어려운 문제가 있으면 경영위원을 만나 상담을 청하기도 한다. 이러한 과정을 거치면서 회사가 사장 개인에 의해서 독단적으로 운영되지 않고 합리적인 의사결정 시스템에 의해 움직이고 있음을 직원들이 자연스럽게 알게 된다. 더불어 회사의 방향과 운영 전반에 대해서도 더욱 신뢰하게 되는 것 같다.

회사를 코칭하다

회사 규모가 점점 커지면서 사람에 관한 다양한 이슈들이 눈에 들어오기 시작했다. 그런데 아이러니하게도 우물을 파듯이, 사람에 대한 관심을 가지면 가질수록 더 많은 과제들이 수면 위로 떠오르는 것이 아닌가. 신입 사원이 회사에 자리 잡도록 어떻게 도울 것인가의 문제부터, 조직이 커짐에 따라 생길 수 있는 기존 직원들 간의 역할 분담 문제, 업종의 특성상 여성 직원이 상대적으로 많은 상황에서 생기는 성비 불균형과 결혼으로 인한 경력 단절, 그리고 개인의 성장에 대한 이슈에 이르기까지 실로 다양했다. 이런 문제들이 꼬리에 꼬리를 물고 머릿속을 떠나지 않았다. 이를 해결하지 않으면 효율적인 조직을 만들 수 없을 뿐만 아니라 단 한 걸음도 앞으로 나갈 수 없겠다는 생각이 들었다. 그래서 생각한 것이 사람에 대한 다양한 이슈들을 같이 고민하고 상담해주는 시스템을 만드는 것이었다.

평소 알고 지내던 한국코치협회 부회장에게 상황을 설명하고 도움을 청했다. 나는 경영자 관점이 아닌 직원의 관점에서 회사 생활에서 겪는 문제뿐만 아니라 사적인 고민까지 들어주고 도움을 줄 수 있는 라이프 코칭이 필요할 것이라고 생각했다. 처음에는 신입 사원들을 대상으로 개인의 삶과 일에 대한 올바른 태도를 형성하도록 조언을 주고 격려하는 것으로 시작했다. 그런 다음 여러 이유로 회사를 떠나는 퇴직자들이 마음을 잘 다스리고 새로운 생활에 적응할 수 있는 심리적 지원과 가이드를 해주도록 요청했다. 이렇게 하자 직원들이 개인적인 문제가 있거나 어려움이 있으면 코치를 찾아 상담을 의뢰하기 시작했다. 시간이 지나면서 코칭 시스템은 마치 컴퓨터에 백신을 깔아놓은 것처럼 일과 사람관계 속에서 어려움이 생겨도 스스로 해결할 수 있는 힘이 되어주면서 당근이 건강한 조직을 유지하는 데 기여하는 인사 시스템으로 정착하게 되었다.

결혼한 여성 캐러선들이 급속하게 늘어나면서 또 다른 고민이 생겼다. 대학을 갓 졸업하고 들어온 신입 직원들이 어느새 서른 살을 넘기면서 결혼 적령기를 맞게 되었다. 나는 입버릇처럼 당근의 미래가 기혼 여성들에게 달려 있다고 강조해왔다. 이들은 당근에서 5년 내외의 경험을 가진 영역전문가이자 초급 리더로 성장했다. 이들이 결혼한 후에도 계속해서 당근에서 일할 수 있도록 지원하는 일이 필요했다. 가정과 일터에서 모두 성공적인 삶을 살아갈 수 있는 환경을 제공하지 못하면 결혼과 동시에 회사를 떠나야 하고, 당근은 지속적으로 핵심 인력의 상실을 겪어야 하기 때문이다.

여성은 결혼을 하면 출산과 육아 그리고 경력 지속에 대한 갈등에 직면하게 된다. 어쩌면 대한민국에서 결혼 적령기에 이른 대부분의 직장 여성들이 고민하는 과제라고 할 수 있다. 회사의 제도적 뒷받침도 중요하지만 가정과 일터에서 개인의 정체성을 어떻게 정의하느냐에 따라서도 해답이 달라진다. 때로는 남편의 지지와 시댁의 동의를 얻어야 하기 때문에 문제가 더 복잡하다. 그래서 글로벌 기업의 인사 임원 출신으로 대한민국 최고의 여성 리더십 전문가를 또 한분의 컴퍼니 코치로 모셨다. 그렇게 모신 코치는 여성들의 경력 지속과 관련한 이슈들과 핵심 여성 리더들에 대한 라이프 코칭을 통해서 캐러션들이 일과 개인적 삶을 균형 있게 만들어갈 수 있도록 산파 역할을 하고 있다.

지난 6년간 코칭을 통해서 조직은 훨씬 더 성숙해졌고, 이런 긍정적 결과로 2년 전부터 우리는 새로운 도전을 시작했다. 당근의 모든 리더들이 전문 코치 자격(KPC)을 획득하고, 조직에서 코칭 리더십을 발휘하는 것이다. 리더들은 코칭을 통해서 사람에 대한 이해와 조직 운영의 수준을 끌어올릴 뿐만 아니라 개인의 삶도 발전시킬 수 있게 된다. 코칭형 리더는 스스로 일과 개인적 삶의 역동적인 균형을 찾고 조직에 긍정적인 영향을 주는 역할을 수행한다.

당근이 오늘날 건강하고 비전 있는 조직으로 성장한 데는 외부 전문가들의 도움이 매우 컸다. 그 양대 산맥은 경영위원회와 컴퍼니 코치였다. 경영위원들은 지난 13년 동안 주요 경영 현안에 대하여 적극적으로 공유하며 의사결정에 참여했고, 컴퍼니 코치들은 캐러션들이 일과 개인적 삶의 균형을 찾고 일터에서 자기를 실현할 수 있는 긍정적인 에너지를 불어넣어주었다. 외부 전문가들이 조직 이슈에 지속적으로 참여하는 것은 CEO의 역할 수행에도 큰 기여를 한다. 무엇보다 다양한 관점에서 조직에 대한 실질적인 피드백을 제공함으로써 CEO가 독단에 빠지지 않고 열린 마음을 유지할 수 있도록 해준다.

조직 운영의 원칙, 80:20:30

"제임스 님, 인원 충원이 시급합니다."

"경험이 더 많은 리더급 경력 직원이 필요합니다."

회사가 어느 정도 궤도에 오르면서 각 부서의 역할과 업무가 분할되고, 부서장의 권한과 책임이 확대됨과 동시에 여기저기서 인원을 충원해달라는 요청이 나오기 시작했다.

영국의 역사학자이자 경제학자인 시릴 파킨슨(Cyril N. Parkinson)은 '왜 공무원의 숫자가 계속 늘어나고 업무는 비효율적으로 이루어지는가'에 대한 의문을 품었다. 1914년 영국 해군의 병력은 15만 명이었고, 해군본부의 관리자는 2000명이었다. 그런데 14

년 뒤인 1928년에는 해군 병력이 10만 명으로 감축되고 군함 역시 62척에서 20척으로 줄었음에도 해군본부 인원은 3560여 명으로 오히려 2배 더 늘었다.

이 같은 현상은 식민지를 관리했던 식민성에서도 공통적으로 발견되었다. 1935년 식민성의 행정직원은 372명에 불과했지만, 20년 뒤인 1954년에는 대영제국이 쇠퇴해 관할 식민지가 거의 없음에도 공무원은 무려 1660여 명으로 5배나 증가했다. 파킨슨은 수학적인 검증을 거쳐 공무원의 수가 업무량에 관계없이 늘어나는 현상을 발견하고, 이를 '파킨슨의 법칙'이라 불렀다.

파킨슨의 법칙은 비단 공무원 조직에서만 나타나는 현상은 아니다. 많은 신생 회사들이 사업에 조금 탄력이 붙고 성장기에 진입하면 조직을 확장하는 경향이 있다. 조직 내 이곳저곳에서 인력 부족을 호소하며 충원을 요청하기 때문이다. 하지만 많은 문제들이 조직을 확장하는 과정에서 발생한다는 사실을 간과해서는 안 된다.

벤처기업이나 중소기업을 경영하는 CEO들은 사람 한 명 더 쓰는 것이 얼마나 무서운 일인지 유념해야 한다. 물론 직관적으로 알고 있다 하더라도, 이런저런 요구들에 부딪히다 보면 생각처럼 통제하기 어려운 경우가 많다. 그렇다고 조직을 소극적으로 운영하라는 이야기가 아니다. 원칙을 가지고 조직을 확장해야 한다는 것이다. 우는 아이 젖 한 번 더 주듯이 목소리 큰 부서의 요구에 밀려 인원을 늘리는 식이 되어서는 안 된다는 말이다.

당근도 조직이 커지면서 비슷한 문제에 직면했다. 사람이 몇 명 안 되던 초기에는 직원 한 명 한 명이 그날 무슨 일을 하는지, 상태가 어떤지, 눈빛만 봐도 알 수 있었다. 하지만 인원이 늘면서 좀 더 체계적인 조직 관리의 원칙을 세울 필요를 느꼈다.

그래서 당근은 조직 확장과 관련하여 몇 가지 원칙을 세웠다. 우선 조직이 역동성을 유지할 수 있도록 아메바처럼 소규모 팀제로 운영하기로 했다. 이때 팀장은 팀의 규모와 인력 조정에 대한 모든 권한을 가진다. 하지만 합리적인 판단을 할 수 있도록 1인당 생산성 기준을 명확히 제시했다. 따라서 모든 사업부서는 업무 특성에 따라 1인당 생산성 기준을 가지고 있으며, 간접 부서들은 핵심 수행 기준(KPI: Key Performance Indicators, 핵심 성과 지표라고도 한다)을 충족하도록 되어 있다.

예를 들면 전화 영어 사업본부에서 고객을 관리하는 팀은 자신의 직무에 따라 명확한 관리 인원을 두고 있고, 글로벌 사업본부에서는 매니저별로 운영하는 교육 과정의 개수와 매출 기준을 가지고 있다. 이러한 기준은 과거 데이터를 종합 분석한 결과와 회사의 1인당 부가가치율을 고려해서 합리적으로 결정된다. 이처럼 기초 조직 단위와 개인의 생산성 기준을 명확하게 함으로써 조직이 확장되면서 생길 수 있는 혼선을 줄이고, 팀을 가장 효과적으로 운영하는 방법을 스스로 찾을 수 있도록 하고 있다.

생산성 기준과 함께 중요한 원칙은 간접부서의 최소화다. 사업을 관할하는 직접부서는 수행 결과를 대부분 눈으로 확인하면서, 현실적인 피드백을 할 수 있지만 경영지원이나 기술지원, 연구소 등 간접부서는 수행 결과를 눈으로 확인하기가 어렵다. 따라서 CEO가 이 부분을 민감하게 다루지 않으면 시간이 지날수록 간접부서의 몸집이 비대해져 조직 전체의 효율성이 크게 떨어질 수 있다.

나는 인력 운영에 있어서 항상 고객 접점과 사업부에 우선순위를 두어야 한다는 원칙을 가지고 있다. 이에 대해 조직 전체가 공감해야 불필요한 오해를 막고 조직을 생산적으로 운영할 수 있다. 또한 간접부서의 총 인력은 직접부서 인력의 20퍼센트를 넘지 않도록 하고, 특히 CEO의 직할부서인 경영지원은 기술지원과 연구소 등을 포함한 간접부서 총량의 30퍼센트를 넘지 않는다는 원칙을 고수하고 있다. 즉 회사 규모가 100명이라면 직접부서는 80명, 간접부서는 20명 정도가 적절하다. 그중 경영지원 부서는 6명이 할당된다. 나는 이것을 80:20:30 원칙으로 고수하고 있다.

이와 동시에 간접부서에 대한 개념도 바뀌어야 한다. 간접부서 직원들은 뒤에서 '지원만 하면 된다'는 생각을 하기 쉬운데,

이는 위험한 발상이다. 주도적으로 직접부서를 지원해야 하며, 언제든 고객 접점에 나설 수 있는 마음가짐을 가져야 한다. 내가 "당근의 모든 구성원들은 본인의 직무가 무엇이든 모두가 고객 접점의 마케터다"라고 강조하는 이유다.

당근에서 간접부서는 협업의 정도에 따라서 직접부서로부터 매출의 일정 부분을 넘겨받는 시스템이다. 따라서 간접지원 부서들은 기회만 된다면 언제든 회사 매출에 직접 기여하고자 노력한다.

예를 들어, 연구소는 콘텐츠 개발에 대한 고객의 요구가 있을 경우 언제든 사업부와 함께 고객을 만나고 프로젝트를 진행하며 매출을 창출한다. 기술지원팀도 온라인 사업을 운영하며 오프라인 사업부서들과의 접점에서 고객을 만나고, 새로운 영역의 사업 기회를 창출하는 역할을 하고 있다. 회계나 총무, 교육 등 일반적인 경영지원 부서도 고객과 관련한 사항이라면 적극적으로 문제 해결을 모색한다. 따라서 지원 부서의 인센티브는 사업부의 성과와 업무 협력 정도에 의해 결정될 수밖에 없다.

간접부서는 더 이상 뒤에서 지원만 하는 역할에 그쳐서는 안 된다. 오늘날의 경영 환경에서는 직접부서(front office)와 간접부서(back office)라는 정의가 무의미하다. 전방과 후방이 아닌 어떤 위치에서든 시장의 요구에 가장 빠르게 대응할 수 있는 360도 사주경계가 필요한 시대이기 때문이다.

중소기업 사장들의 '사람 타령'

"중소기업 사장은 전생에 지은 죄가 많은 것 같아요!"

언젠가 사장들의 저녁 식사 모임에서 어떤 분이 하신 말이다. 그 자리에 있던 사람들이 모두 공감하듯 한바탕 웃었지만, 그냥 웃고 넘기기에는 왠지 서글프고 씁쓸함이 남았다.

작은 회사의 사장으로 산다는 것은 아마도 새까맣게 타들어가는 속을 안고 살아야 할 운명인지도 모른다. 나도 사업 초창기에는 '내가 왜 이런 무모한 짓을 하고 있나' 하는 생각을 하루에도 몇 번씩 했다.

모임에서나, 개인적으로 벤처중소기업 사장들을 만나면 자연스럽게 어려운 시장 환경이나 사업 성과 등으로 이야기를 시작하지만, 그 끝은 언제나 사람 이야기로 마무리되곤 했다. 그만큼 사람에 대한 이슈는 기업의 크고 작음을 떠나 모든 경영자들이 가진 고민이다. 하지만 성장 지향적 관점에서 사람을 바라보고 고민하는 경영자는 찾기가 힘들다.

성장 지향적 관점에서 직원을 바라보고 교육해야 한다고 이야기하면, 십중팔구 마음은 있지만 직원 교육에 투입할 시간적 · 재정적 여유가 없다고 한다. 혹은 많은 돈과 시간을 들여 교육도 시키고 공들여 키워놨더니, 쓸 만하면 다른 회사로 내빼더라는 쓰라린 경험을 토로하기 일쑤다. 흔히 이야기하는 조직 관리의 비결은 왼팔 오른팔을 잘 두거나, 사장처럼 일하는 직원 몇 명만 있으면 문제없다는 식이다. 그러면 다들 귀를 쫑긋 세우고 맞장구를 치며 노하우를 공유하는 모습들이다.

나는 이런 이야기를 들으면 마음이 몹시 불편해진다. 직원이든 팀장이든 온전한 인격을 가진 사람인데 왼팔 오른팔로 취급하는 것 자체가 못마땅하기 때문이다. 이런 생각의 밑바탕에는 아마도 조직을 장악하고 자기 마음대로 운영하고자 하는 사장의 안일함과 게으름 그리고 사람을 대하는 낮은 의식 수준이 깔려 있다고 본다. 사장처럼 일하는 사람 몇 명 만드는 것은 어디 쉬운 일이던가?

이런 접근이 정말 위험한 이유는 회사에 정치 구조를 만들어 내기 때문이다. 직원들은 크게 사장의 눈에 든 사람과 눈밖에 난 사람으로 나뉘게 된다. 이렇게 되면 왜 일을 하는가에 대한 본질이 사라지기 때문에 조직의 효율성도 미래도 기대할 수 없다. 고객보다 사장에게 잘 보이기 위해 일하는 회사가 어떻게 시장에서 살아남을 수 있겠는가?

조직은 일부 소수가 아닌 모든 구성원이 심리적 주체가 되고 사회적 가치를 실현하는 성장의 장이 되어야 한다. 작은 회사건 큰 회사건 늘 인재가 부족한 것은 매한가지다. 사장들이 이런 불만을 늘어놓는 것은 마치 직원들이 늘 일이 많다고 토로하는 것과 조금도 다를 바 없다. 대체할 인력이 부족하더라도 어떻게든 시간을 내어 교육을 시켜야 하고, 설사 쓸 만하면 도망가더라도 직원의 역량을 지속적으로 끌어올려야 한다. 이것은 조직을 운영하고 회사의 미래를 만들어나가는 경영자에게 선택이 아닌 책무다. 이러한 성장 시스템이 굳건히 자리 잡을 때 직원들은 비로소 사장과 함께 미래를 꿈꿀 수 있다.

교육을 통해서 사람을 변화시킴으로써 당사자는 물론 그의 가족, 그리고 주변에 미치는 영향을 감안한다면, 교육은 무조건 남는 장사라는 것이 나의 지론이다. 물론 어떤 교육을 어떻게 시켜야 하는가는 조금 다른 이야기일 수 있다. 하지만 사람의 성장에 대한 확고한 철학이 있다면 이러한 문제는 부차적인 것에 지나지 않는다.

오늘날 대한민국 중소기업 사장들 다수는 똑똑하고 쓸 만한 인재들이 오지 않는다는 불평으로 사업의 어려움을 토로하기 시작하고, 또한 여기서 결론을 맺는다. 명백한 순환 오류에 빠져 있는 것이다. 문제의 원인과 결과가 뫼비우스의 띠처럼 얽혀 있기 때문이다. 여기엔 희망이 없다. 왜냐하면 과거에도 그러했고 앞으로도 그러할 것이기 때문이다. 인재들은 자석에 끌리듯 인재들이 모이는 곳으로 가기 마련이다. 돈은 은행에서 빌려올 수 있지만 인재는 절대 빌려올 수 없다. 회사 경쟁력의 원천이 곧 사람이라는 것을 전제할 때 이런 순환 오류에 빠져 있는 조직에는 미래가 없다. 아무리 척박한 땅이라도 그 속에서 생명이 움틀 수 있게 생산적인 대안을 만들어내야 한다.

우선 대기업과 다른 선발 기준을 가져야 한다. 몇 십 대 일의 경쟁률이 아니라면 돋보이는 똑똑한 사람을 뽑는 것은 사실상 어렵다. 그보다는 우리 회사에 맞는 사람, 좋은 태도를 지닌 사람을 어떻게 뽑을 것인가에 초점을 맞춰야 한다. 여러 가지 방법이 있지만 중요한 것은 회사 나름의 명확한 선발 원칙을 세우고 적용하는 것이다. 한마디로 그 회사만의 사람을 고르는 잣대가 필요하다.

시골 창고에서 4명으로 시작해서 지금은 13만 명을 거느린 막강한 기업으로 성장한 일본전산의 나가모리 시게노부 회장 역시 초창기에는 인재에 대한 고민을 수없이 했다. 그는 '밥을 빨리 먹는 사람', '목소리 큰 사람', '오래달리기를 잘하는 사람'을 선발 기준으로 삼았다. 그리고 자기만의 방식으로 철저하게 일본전산의 사람으로 키워냈다. 일본전산을 세계적인 기업으로 우뚝 서게 만든 주역들은 명문 대학을 졸업하고 몇 백 대 일의 경쟁률을 뚫고 들어온 수재들이 아니라 철저하게 훈련되고 일본전산 정신으로 무장한 사람들이었음을 잊어서는 안 된다.

경영자가 직원들을 어떻게 대하고 관계를 형성해야 하는지는 매우 중요하다. 따라서 경영에 임하는 자는 사람에 대한 명확한 철학이 전제되어야만 한다. 자연에서 서로 다른 두 종의 관계는 일반적으로 세 가지 형태로 이루어진다. 우선, '기생'의 관계다. 기생 관계에서는 한쪽은 이익을 보지만 다른 한쪽은 피해를 본다. 예를 들어 숙주의 몸에 사는 기생충을 생각하면 된다. 다음으로, '편리공생의 관계'다. 이것은 공생의 관계이기는 하지만 한쪽은 이익을 챙기고 다른 한쪽은 별다른 이익을 보지 못하는 상황이다. 예를 들어 고동 껍데기를 이용하는 소라게가 여기에 해당한다. 셋째로, '상리공생의 관계'다. 이것은 꽃과 나비처럼 서로의 존재가치를 높여주는 것이다.

회사는 경영진과 조직 구성원 간의 '상리공생의 관계'가 전제되어야만 생존할 수 있는 유기체와 같다. 경영진은 직원들을 수단이 아닌 주체로서 인식함으로써 성장과 심리적 몰입을 유도할 수 있고, 구성원들은 일터가 삶의 기반이 되고 자아 실현의 장이 될 수 있도록 헌신해야 한다.

있는 그대로
볼 수 있는 힘

　　　　　　　　　　얼마 전 한국의 행복지수는 OECD(경제개발협력기구) 국가 중 최하위권이며, 자살률은 가장 높다는 우울한 기사를 접했다. 몇 해를 접하다 보니 이제 더는 놀랄 일도 아니다. 한때 남부러울 게 없을 것 같던 연예인들이 처지를 비관하며 스스로 생명을 거두고, 사회적으로 성공한 사람들도 자리에서 물러나는 순간 허탈함을 주체하지 못하고 상실감에 빠지는 경우를 목격한다. 이러한 현실이 오늘날 우리 사회를 규정하는 사회적 현상으로 비치는 것 같아 더욱 쓸쓸하기도 하다.

　그렇다면 왜 이런 현상들이 빈번하게 나타나는 것일까? 이는 자신의 정체성을 있는 그대로 인식하지 못하고, 인기나 직위가 곧 자신이라고 착각하는 정체성 오류(동일시 현상) 때문이다. 흔히 대기업에 다니다가 독립한 사장들이 과거 거래했던 사람들을 만나면 대우가 확 달라지는 것에 비애감을 느낀다고 말한다. "그 사람이 나한테 그럴 줄 몰랐다"라거나 "내가 얼마나 잘해줬는데"라는 말로 서운함을 표현하기도 한다. 이런 사람은 여전히 정체성의 혼란에서 빠져나오지 못한 것이다.

자기동일시 문제의 중심에는 자신에 대한 정의와 본질을 바라보는 힘의 부재가 있다. 이들은 늘 타인과 비교하는 관점에서 현상을 해석하고 남보다 더 우월해 보이려고 자신을 포장한다. 그리고 그것을 삶의 목표나 행복의 기준으로 삼는다. 이들은 자존심을 세우기 위해서 명품 가방을 둘러메고, 비싼 자동차로 자신을 과시하며, 축적한 부의 규모를 성공의 기준으로 삼는다. 하지만 이런 관점은 진정한 행복을 갈구하는 우리의 본성을 더욱 혼란스럽게 할 뿐 전혀 해결책이 되지 못한다.

이러한 삶의 악순환의 고리에서 벗어나려면 상대적 관점이 아닌, 자신의 존재를 있는 그대로 인식하는 절대적 관점으로 전환해야 한다. 내가 누구인지, 내가 하는 일이 무엇인지를 깊이 들여다보고 정의해야 한다. 일과 삶의 연속성을 통찰하고 그 속에서 나만의 소명을 발견할 때 진정한 삶의 주체로서 자신감을 회복할 수 있다.

나는 반응 없이 바라볼 수 있는 힘, '반야(般若)'를 통해 절대적 관점의 삶을 유지할 수 있다고 생각한다. 반야는 산스크리트어 'Prajna'를 음역한 것으로, '사실을 있는 그대로 본다'는 뜻이다. 우리는 어떤 상황에 직면했을 때 쉽게 감정을 이입하며 자석처럼 빨려들어간다. 내가 곧 대상이 되고 대상이 곧 내가 되어 뒤섞여버린다. 그 결과 사실이 본래의 객관성을 잃고 또 다른 문제를 만들어내게 된다. 치우친 사고방식이나 감정 상태에서 벗어나 좋고 싫음의 분별심을 버리고 상황을 있는 그대로 바라보는 힘, 이것이 나를 자유롭고 지혜롭게 하는 원리다. 예측불허, 변화무쌍한 비즈니스 환경에서 한 조직의 리더로서 자기정체성을 유지하는 것은 어쩌면 수행자의 길과 비슷하다. 있는 그대로 볼 수 있는 힘, 반야는 통찰을 필요로 하는 오늘날의 리더들이 반드시 갖추어야 할 역량이다. 분별심을 버리고 고요함을 유지할 수 있는 리더는 어떠한 난관도 헤쳐나갈 수 있는 강한 내면과 지혜로움을 얻게 될 것이다.

지혜로운 리더가 되는 길에 동행하는 친구가 있다. 그것은 바로 모호한 상황에서 쉽게 판단하지 않고 견뎌내는 힘이다. 평생 인간의 본질과 가치에 대해서 연구한 인본주의 심리학자 에이브러햄 매슬로(Abraham H. Maslow)는 '모호함을 견뎌내는 힘'을 인간이 가진 가장 지고한 능력이라고 정의했으며, 자기 실현을 이

룬 많은 사람들에게서 공통적으로 발견할 수 있다고 했다. 매슬로는 이를 '인간과 신의 경계선'이라고 일컬었다.

이 개념을 철학적 용어로 바꾸면 '에포케(epoche)'라고 할 수 있다. 에포케는 '판단의 보류'라는 뜻으로 겉으로 보이는 것을 쉽게 판단하지 않는 것이다. 어떤 현상이나 문제에 직면했을 때 그것에 집착하지 않고 '괄호( )' 안에 넣어둘 수 있는 힘이며, 이로써 본질에 더 가까이 접근할 수 있다는 것이다.

하지만 분별심을 버리고 모호함을 견뎌내는 것은 쉬운 일이 아니다. 사람은 어떤 현상을 대하면 자동적으로 판단을 내리는 경향이 있는데, 그래야만 불안하지 않고 속이 시원하기 때문이다. 판단을 내리지 않고 그대로 두면 마치 컴퓨터가 버퍼링을 하는 것처럼 지속적으로 우리 뇌의 주의자원을 소모하고 스트레스를 가중시키게 된다. 우리 뇌의 신경 메커니즘이 과거의 경험에 의해 재빨리 판단하게끔 되어 있기 때문이다. 이 때문에 사실이 아닌 단순한 추측만으로 쉽게 판단을 내리고 확신을 조장하는 경로를 반복하게 된다.

즉각적인 판단을 보류하고 모호한 현상에 대해 인내력을 가지고 살펴보는 힘은 21세기를 살아가는 리더들에게 요구되는 능력임에 분명하다. 역동적으로 변화하는 현상 속에서 본질을 꿰뚫어보고 상황을 읽어내는 통찰력이 요구되는 시대이기 때문이다.

개인의 잠재력과 포텐셜

사람은 악성을 가지고 태어나는 것일까, 아니면 신성을 가지고 태어나는 것일까?

이는 고대 그리스 철학자들로부터 오늘날까지 끊이지 않는 논쟁거리 중 하나다. 인간의 근본적인 성향을 이분법적으로 정의한다는 것이 조금은 극단적일 수 있지만 그 정의 자체가 많은 의미를 함축하고, 세상을 이해하는 시각을 형성하는 데 근간이 되기 때문에 중요한 논쟁거리가 되는 것이다.

심리학자 맥그리거(D. McGregor)의 XY이론은 오랫동안 인간을 바라보고 해석하는 기본적인 관점을 제공했다. X이론은 인간이 천성적으로 게으르고 자기행위에 대해서 책임지는 것을 싫어

하며, 자발적으로 솔선수범하기보다는 남에게 끌려다니는 것을 좋아한다고 가정한다. 또한 자기중심적이며 철저히 이기적이라고 보는 관점이다. 반면 Y이론은 인간은 노동을 휴식이나 놀이처럼 자연스럽게 여기며, 인간의 행위는 경제적 욕구보다는 사회적·심리적 욕구에 의해서 결정된다고 가정한다. 또한 인간은 적절한 조건만 갖추어지면 책임을 받아들일 뿐만 아니라 그것을 갈구하고 발전 가능성이 무한하며 창의적으로 문제를 해결하는 주체라고 본다.

지난 100년 동안 우리 사회를 지배해온 과학적 경영 기법의 근간은 사람에 대한 통제와 관리에 그 뿌리를 두고 있다. 사람은 기계와 같이 생산의 도구로 취급되었으며, 효율성은 시장에서 경쟁우위를 차지하기 위한 최고의 미덕이었다. 그 속에서 인간에 대한 새로운 관점과 희망을 준 것이 바로 매슬로의 인본주의 심리학이다.

매슬로의 심리학은 스키너를 위시한 행동주의적 접근과 프로이트에 의해 뿌리내린 정신분석학적 접근과는 구별된다는 점에서 제3의 심리학으로 불린다. 행동주의 심리학은 외부 자극에 의한 인간의 수동적 행위와 강화에 주목한다. 이에 반해 매슬로는 주체적이고 능동적인 '자기 실현 욕구'를 인간의 고유하고 자연스러운 욕구로 보았다. 매슬로의 심리학이 인간의 존엄성을 강조하는 인본주의 심리학으로 불리는 것은 이러한 이유에서다.

　인본주의 심리학의 핵심은 '형성(becoming)'이라는 개념으로서 인간은 항상 무엇인가 다른 존재가 되려는 과정에 있으며, 바로 여기에 인간의 발전과 변화 가능성이 내포되어 있다는 것이다. 만약 사람이 무엇인가로의 변화를 추구하지 않는다면 성장하기를 거부하는 것이며, 인간 실존의 완전한 가능성을 스스로 부정하는 것이다. 매슬로는 이러한 '형성 과정'의 가장 높은 단계에 '자아 실현(self-actualization)'을 두었다.

　사람들은 저마다 자신만의 빛깔을 가지고 있다. 심리학에서는 이를 개인의 고유한 '성격'으로 정의하고, 물리학에서는 '에너지'라 부른다. 인문학 관점에서 개인의 '포텐셜'은 자기 안에 내재되어 있는 '잠재력'으로 이야기한다. 그래서 일반적으로 포텐셜이 큰 사람은 더 많은 결과를 낼 수 있는 사람으로 기대한다. 그런데 여기에서 우리가 빠져서는 안 되는 함정이 있는데, 포텐셜이 현실을 반영하는 실제 값이 아니라는 것이다. 예를 들어 좋은 리더십 교육을 받은 것과 실제로 훌륭한 리더십을 발휘하는 것은 명백한 차이가 있다.

　반면 물리학에서 포텐셜은 '힘'이며 자신이 아닌 어떤 대상에 의해서 규정된다. 내 주위에 있는 사람과 물질(그것이 비록 장애물일지라도) 등 상호작용하는 모든 것이 곧 내 힘을 규정한다. 예를 들어 내가 어디에 서 있는가, 누구를 만나고 있는가, 어떤 상사와 함께 일을 하는가, 어떤 조직에 몸담고 있는가 등등이 나의 포텐셜이 된다.

나를 하나의 물질이라고 가정할 때, 나의 힘은 다른 물질에 부딪쳐 깨져봐야 알 수 있는 것이다. 상대의 전하가 플러스인지 마이너스인지, 그 값이 얼마나 큰지에 의해서 나의 존재가 결정된다. 자신이 +2를 가졌는지 +3을 가졌는지 그 자체만으로는 물리적으로 아무런 의미가 없다. 내가 +5에 부딪쳐 견디어낼 수 있으면 +5이고, +10에 부딪쳐 견디어내면 +10이 된다.

동일한 포텐셜을 정의하는 데 두 관점이 완전히 다르다. 하나는 자신의 내부에 가지고 있는 에너지를 포텐셜로 보고, 다른 관점에서는 자신이 직면한 대상과 환경이 곧 '힘'이다. 얼핏 보면 서로 반대인 것 같지만 환원해보면 같은 이야기를 하고 있다. 다만 인문학적 관점에서 말하는 포텐셜은 '현실'이 전제될 때만 의미를 가진다. 역동적인 현실에 직면해서 반응을 만들어낼 수 있어야 바로 자신의 '실제 값'이 되는 것이다. 개인의 관점에서 자신에게 적절한 도전의식과 목표를 부여하고, 성장을 견인해주는 환경이 필요한 이유가 여기에 있다. 조직의 관점에서는 구성원들이 역동적으로 상호작용하며 성과를 이루도록 하는 것이 리더십의 본질이 될 것이다.

기업들은 배경이 좋은 사람을 찾는 데 많은 시간과 비용을 들이며, 심적으로 그들에게 의지하는 경향이 있다. 왜냐하면 그들이 메가포텐셜(mega potential)을 가지고 있을 것이라고 믿기 때문이다. 하지만 현실에서 우리는 그런 조직들이 실패한 사례를 무수히 지켜보았다. 배경이 좋은 사람을 찾는 것보다 더 중요한 것은 현실에 직면하여 그것에 맞설 수 있는 역동성을 조직에 심는 것이다. 그 역동성에 의해 구성원 개개인의 포텐셜은 정의될 것이며, 조직 전체의 포텐셜(힘)은 개인들의 총합 이상이 될 것이기 때문이다.

오늘날 지식 사회는 사람의 가치를 새롭게 정의하기 시작했다. 왜냐하면 지식 사회에서 핵심적인 부가가치는 종래의 기계가 아닌 전문성과 지식을 겸비한 개인에게서 나오기 때문이다. 조직은 이러한 개인들이 모여 구성하는 의미 있는 집합이다. 따라서 구성원들은 언제나 변화하고 성장하는 주체가 되어야 하며, 기업의 생존과 부가가치 창출은 이러한 가치를 전제해야만 지속 가능하다. 그렇게 함으로써 기업은 우리 모두가 꿈꾸는 건강한 사회의 일원으로서 기업 시민이 될 수 있다.

비비고, 문대고, 떨어지고 싶지 않은

　　　　　　어느 날 한 영특한 젊은 심리학자가 우리 안에서 놀고 있는 아기 원숭이들을 보고 기발한 생각을 떠올린다. 그 심리학자는 우유가 나오는 철사 뭉치의 어미 원숭이와 부드러운 헝겊으로 만든 어미 원숭이를 우리 안에 집어넣고, 아기 원숭이들이 어떤 어미를 선택하는지 관찰했다. 아기 원숭이들은 우유를 먹는 시간을 제외하고는 모두 헝겊으로 만든 원숭이에게 달라붙어 떨어지지 않았다.

　해리 할로(Harry Harlow)의 이 실험은 따뜻함이 우유보다 더 중요하다는 것을 보여준다. 애착 행동(attachment behavior)을 설명해주는 이 실험은 심리학사에 길이 남는 사건이 되었고, 부모의 양육 방법에 획기적인 지침서가 되었다.

애착 행동은 인간에게도 내재된 강력한 생존 특성이다. 어린 아이가 엄마에게 강한 애착을 보이는 것처럼, 성인들에게도 이러한 애착 행동은 사회적 생존을 위해서 강하게 작용한다. 타인과 친밀함을 형성하고 유지하기 위해 많은 시간과 노력을 들이는 이유도 상대에게서 따뜻함을 느끼고자 하기 때문이다. 발달심리학자 에릭 에릭슨(Erik H. Erikson)은 이러한 친밀관계를 성공적으로 형성하는 결정적인 요인이 타인을 이해하고 공감할 수 있는 '수용력'에 있다고 보았다.

사실 조직 내부에서 생기는 관계 갈등은 상당 부분 상대에 대한 이해와 배려의 부족에서 비롯한다. 타인에 대한 배려가 부족한 사람은 차가운 철사로 만든 어미 원숭이처럼 동료들이 주위에 머물지 못하기 때문에 관계가 점점 소원해진다. 따스한 온기를 제공할 때 주위에 사람이 모이고 생존 능력도 증진된다.

과거 산업사회에서 회사는 어쩌면 직원들에게 우유만 제공하는 '철사 어미'의 역할을 했다고 볼 수 있다. 하지만 오늘날의 조직은 따뜻한 헝겊 어미처럼 구성원의 동기를 자극하고 성장을 도모함과 동시에 보살핌을 제공하는 '안전기지(secure base)'의 역할을 수행해야 한다. 이러한 안전감과 위로는 조직 구성원들이 인간관계와 업무에서 더욱 자신감을 가지고 행동할 수 있는 원동력이 된다. 왜냐하면 안정적으로 애착이 형성된 사람은 일에서 발생하는 마찰과 스트레스 속에서도 안정된 감정을 유지할 수 있고, 궁극적으로 높은 수준의 삶에 대한 만족감과 심리적 웰빙을 경험하게 된다. 반면 조직이 안전기지의 역할을 제공하지 못하면 구성원들은 불안정한 정서를 갖게 되며, 스트레스 상황에서 강한 압박을 느끼거나 생산성과 창의성이 떨어지는 결과를 초래하게 된다.

최근에 일고 있는 긍정조직 혁명(AI: Appreciative Inquiry)은 이러한 관점에서 눈여겨볼 만하다. 조직과 사람을 문제의 관점이 아닌 가능성의 관점에서 접근하기 때문이다. 전통적 조직 관리 기법에서는 문제를 찾아내고 정의하는 것이 효율적인 조직 운영의 전제였다. 하지만 조직의 기능이 더 복잡해지고 문제의 속성이 급변하는 오늘날의 경영 환경에서는 문제를 발견하고 정의하는 것 자체가 무의미할 수 있다. 사람이 대상이 아닌 주체로서 인식되고, 발생 가능한 문제를 사전에 스스로 제거할 때 기업은 지속 가능한 성장을 이룰 수 있다고 생각한다.

따뜻한 기업은 사람 중심의 조직 문화를 가진 기업이다. 조직은 구성원들에게 우유만 공급하는 차가운 철사 어미가 아닌, 비비고 문대고 떨어지고 싶지 않은 따스함이 배어 있는 '안전기지' 역할을 충분히 해주어야 한다. 그 속에서 조직의 리더십이 구성원들의 삶의 질과 의식을 고취할 수 있다면, 오늘날 우리가 직면하는 많은 문제들이 자연스럽게 해결될 것이다.

리더와
거울뉴런

　　　　　　　　　　　　　로마 바티칸에 있는 시스티나
성당에는 미켈란젤로의 천장 벽화〈천지창조〉가 있다. 이를 보고
있노라면 그 웅장함과 색감, 그리고 섬세함과 경이로움에 빨려
들어간다. 미켈란젤로는 20미터나 되는 사다리 위에서 4년 동안
쉬지 않고 그림을 그렸다. 척추는 휘고, 관절염으로 걷기조차 어
려웠으며, 얼굴에 떨어지는 물감 안료 때문에 실명의 위기까지
맞았다. 그럼에도 초인적인 인내심을 발휘한 끝에 걸작이 탄생
했고, 이는 인류의 유산으로 남았다.

　하루는 점심때가 다 지나도록 천장에 매달려 꿈쩍도 않는 미
켈란젤로를 보고 동료가 한마디했다. "높아서 잘 보이지도 않는

데 뭘 그리 세심하게 그리시오?" 그러자 미켈란젤로는 "남들은 몰라도 나는 안다"라는 유명한 말을 남겼다.

어미 게가 자기는 늘 옆으로 기어가면서 아들 게에게는 앞으로 똑바로 가라고 한다면 어떻게 될까? 생물학적인 조건을 떠나 아들 게는 십중팔구 어미 게처럼 옆으로 기어갈 것이다. 리더십 관점에서 보면 이러한 현상이 조직 내에서 비일비재하게 일어난다. 사무실 사방 벽면에 붙어 있는 회사의 철학과 비전이 무엇인지를 떠나 조직 구성원들의 말과 행동은 곧 암묵적으로 조직 문화를 형상화해낸다. 이렇게 학습된 집단의 행동양식은 동시에 개인의 사고와 행동을 긍정적 또는 부정적으로 제한하는 강력한 메커니즘으로 작동한다.

최근 뇌 영상기술의 발달로 인간의 행동 탐구 영역은 비약적인 발전을 거듭하고 있다. 신경심리(neuro-psychology)는 뇌를 통해 인간의 심리와 행동의 메커니즘을 연구하는 학문으로, 그동안 미지의 영역이었던 인간의 행동 특성을 하나씩 규명해내는 데 중요한 역할을 하고 있다. 그중 '거울뉴런'의 발견은 인간의 모방과 적응기제를 이해하는 데 중요한 근거를 제공한다.

한 이탈리아 대학의 실험실에서 짧은꼬리원숭이의 신경 제어 연구를 진행하던 자코모 리촐라티(Giacomo Rizzolatti) 교수는 한 대학원생이 아이스크림을 들고 실험실에 들어왔을 때 이를 지켜보던 원숭이의 뇌에서 특이한 반응이 일어나는 것을 관찰했다. 분석 결과 그 반응은 원숭이 자신이 아이스크림을 들고 있을 때 나타나는 뇌 반응과 같았다. 그 후 바나나를 포크로 집는 것을 관찰하는 반응에서도 원숭이의 뇌는 눈에 보이는 행동을 심리적으로 모방했다. 이처럼 다른 사람의 행동을 보는 것만으로도 자신이 직접 경험하는 것과 같은 공감 능력을 담당하는 신경세포를 거울뉴런(mirror neuron)이라 한다. 지난 20년 동안 거울뉴런은 지속적인 연구를 거쳐 인간의 행동을 해석하는 중요한 개념으로 자리 잡았다.

스포츠 심리학에서도 거울뉴런의 메커니즘을 적극적으로 활용한다. 눈을 감고 훈련하는 모습을 상상하는 것만으로도 근육이 증강되는 효과를 낼 수 있음이 이미 여러 실험을 통해 입증되었다. 또한 한 사람이 하품을 하면 전염되듯이 다른 사람도 하품을 하는 현상, 한 사람이 웃으면 지켜보는 사람도 웃음이 절로 나오는 현상도 뇌의 거울뉴런이 활성화되기 때문이다.

거울뉴런은 특히 사회생활을 하는 동물들의 생존에 반드시 필요하다. 예를 들면, 생쥐도 거울뉴런을 가지고 있는데 쥐덫에 걸린 동료의 고통을 보는 것만으로도 다시는 쥐덫 근처에 얼씬도 하지 않게 되므로 생존에 유리하다. 또한 아이들은 어려서부터 부모의 말과 행동을 끊임없이 모방하면서 사회 적응과 생존을 위한 태도를 자연스럽게 습득한다.

거울뉴런은 타인의 행동을 관찰하고 모방함으로써 짧은 시간에 학습 효과를 극대화하고 환경 적응력을 키워준다. 주목할 점은 여기에 '의미와 목적성'이 더해질 때 뉴런이 더욱 활성화된다는 것이다. 그냥 움직이는 모습을 볼 때보다 아이스크림을 먹거나 바나나를 집을 때 뉴런은 더욱 활성화된다.

부부가 살다 보면 서로 닮아간다는 이야기가 있듯이 부하직원은 상사의 일하는 태도와 말투까지 닮아간다. 특히 문제 해결 과정에서 상사가 보여주는 접근 방식과 리더십은 부하직원에게 직접적인 학습 영향을 미칠 것이다. 조직에서 리더가 롤모델이 되어야 하는 이유가 여기에 있다. 통제 중심의 관리자가 아닌 구성원들이 존경하고 닮고 싶은 사람이 되어야 한다.

조직의 관점에서 볼 때 리더의 생각과 행동은 의도하건 의도하지 않건 간에 이러한 모방을 통해서 구성원 개개인에게 강력한 영향을 미치게 된다. 이는 곧 내적 상호작용을 통해 조직의 팀워크와 성과로 직결되며, 구성원들의 성장을 결정하는 요인이 되기도 할 것이다. 특히 초급 간부에서부터 최고경영진에 이르기까지 리더들의 언행 일치는 해당 조직의 풍토나 문화의 근간을 이루는 절대적인 요인이 된다는 것을 명심해야 한다.

리더는 곧 조직의 거울이다. 자신의 행동에 대한 규범과 사람에 대한 진정성이 결여되면 오목이 되거나 볼록이 되기 십상이다. 구성원들에게 올바른 미션을 제공함과 동시에 역할 모델로서 솔선수범해야 하는 이유가 여기에 있다.

4

따스함과 긴장이 공존하다
— 우리가 일하고 살아가는 이유

인간은 인간의 미래다.
— 프랑시스 퐁주

일상의 날을 세우듯
내면을 보다

"기사님, 라디오 좀 꺼주시겠습니까? 제가 생각할 게 좀 있어서요."

택시를 타고 이동하는 시간은 나에게 남다른 의미가 있다. 눈을 감고 내면을 들여다보는 중요한 시간이기 때문이다. 이 순간 교통 흐름이야 어떻든 목적지까지의 이동은 기사님에게 맡기고 나는 내 안으로 들어간다.

내가 열다섯 살이 되던 해, 우연히 교감 선생님으로부터 인간의 정신세계에 대한 이야기를 듣게 되었다. 복도를 지나다 아이들이 시끄럽게 떠들어대는 소리가 귀에 거슬렸는지 교실로 들어오시더니 인간의 의식과 마인드컨트롤에 대한 이야기를 들려주

셨다. 늘 나 자신과 세상의 존재에 대해서 끊임없이 질문을 던지던 나에게 교감 선생님의 말은 강렬하게 와닿았다. 나는 그날 서점으로 달려가 관련 서적들을 사다놓고 읽기 시작했다. 그렇게 알게 된 명상은 오랜 시간 동안 나 스스로 질문을 던지고 답을 찾아내는 데 훌륭한 도구이자 삶의 동반자가 되어주었다.

명상을 통해서 나는 누군가에 의해서 보기 좋게 포장된 답이 아닌, 거친 흙더미를 파헤쳐야만 얻을 수 있는 귀한 삶의 답들을 얻을 수 있었다.

리더에게는 통찰하는 시간이 필요하다. 바위를 뚫는 물방울처럼, 하루 중 몇 분이라도 내면을 들여다보는 시간을 가져야 한다. 이는 일상 속에서 균형 감각을 잃지 않게 해줄 뿐만 아니라, 어렵고 복잡한 상황에서도 단순함과 명료함을 유지할 수 있는 지혜를 가져다준다. 농부에게 밭을 갈고 나무를 베는 연장이 필요하듯이, 오늘을 살아가는 리더에게는 자신의 내면을 관찰하고 의식을 성장시킬 수 있는 훌륭한 도구가 필요할 터인데, 그중 하나가 명상이라고 생각한다.

명상은 인류가 오랜 시간을 거쳐 고안해낸 최고의 유산이다. 인간이 쥐나 여타 동물과 다른 것은 자신의 내면을 볼 수 있는 초인지(meta-cognition) 능력이 있기 때문이다. 쥐는 만 년 전이나 지금이나 쥐구멍을 들락거리지만 맹수들에게 쫓기며 나무 위에서 생존을 유지해야 했던 인간은 움막에서 집으로, 아파트로 문명의 진화를 계속해왔다. 이처럼 인간이 문명의 진화를 이룰 수 있었던 것은 어제와 다른 내일을 만들어나갈 수 있는 초인지 능력을 가졌기 때문이다. 조상들은 경험적으로 인류의 의식을 발전시키기 위한 많은 방법을 터득해냈으며, 그 핵심에 바로 '명상'이 있다.

명상은 지난 수천 년 동안 인류의 의식 진보에 지대한 영향을 미쳤다. 아쉬운 점은 역사의 질곡 속에서 특정 종교의 전유물처럼 여겨지거나 또는 형식에 얽매이다 보니 우리의 일상생활에서 멀어지게 되었다는 것이다. 사실 명상은 동양인이든 서양인이든, 젊은 사람이든 나이 든 사람이든, 심신이 강한 사람이든 약한 사람이든 온전한 존재로서의 삶을 창조하는 데 좋은 도구가 될 수 있다. 하물며 급변하는 환경 속에서 리더가 역동적 균형을 유지하고 의식을 확장하는 데 명상이 훌륭한 도구가 될 수 있음은 두말할 나위도 없다.

나는 1년에 두 번 '생각 주간(think week)'을 가진다. 주로 1월 첫 주와 8월 중순이다. 휴가를 대신해 깊은 산이나 오지로 들어가는데, 나의 내면을 들여다보고 의식을 확장하기 위해서다. 마치 본격적인 농사철을 앞두고 대장간에서 농기구를 수리하고 담금질하는 것과 같은 마음이다. 회사와 가족으로부터 떨어져 침묵 속에서 일주일을 보내는 것이 나의 중요한 의식이 된 지 오래다. 몇 권의 책과 화두를 가지고 들어가 나와 대면하는 시간은 나를 더 깊고 자유롭게 만든다.

　농부가 잠시 일을 멈추고 숫돌로 날을 세우듯이, 일상에서 우리는 연장이 무뎌지지 않도록 우리의 의식을 갈고 닦아야 한다. 절대 형식에 얽매일 필요가 없다. 많은 시간이 필요하지도 않다. 중요한 것은 내가 나의 주인 됨을 매 순간 인식하는 것이다. 날을 갈지 않은 연장은 금방 녹슬어 사용할 수 없게 된다. 따라서 농부들이 부지런해야 하는 이유와 같이 우리는 끊임없이 자기를 들여다보고 단련해야 한다. 내가 오랜 기간 명상 경험을 통해 얻은 몇 가지 효과적인 방법을 소개하고자 한다.

　먼저, 일상에서 잠시 눈을 감는 것에 익숙해지기를 바란다. 틈나는 대로 눈을 감고 자신을 느껴보는 것이다. 언제든, 어디서든 가능하다. 일을 하는 중간이든, 엘리베이터 앞에서든, 미팅에 앞서 누구를 기다리는 순간이든 언제라도 좋다. 잠시도 좋고 몇 분도 좋다. 우리 뇌에서 처리하는 정보의 70~75퍼센트 정도가 눈을 통해 들어오는 감각 정보라는 것을 염두에 두면 이해하기 쉽다. 눈을 감는 순간에 우리는 외부 정보를 차단하고 자신의 내면으로 들어갈 수 있다. 눈을 감고 흐르는 '주의(attention)'를 붙잡는 순간이 곧 자기의 주인이 되는 순간이다. 눈을 감고 내면으로 주의를 돌리는 것은 평온함을 유지하고 자신을 민감하게 유지하기 위한 가장 기본적인 습관이다.

다음으로, 어떤 현상에 대해 즉각 반응하지 않기다. 우리가 일상에서 즉각 반응하는 것은 대부분 고정된 정서가 자동적으로 튀어나오는 것으로 보면 된다. 과거 무의식 속에 점철된 '무엇'이 아닌 진짜 '나'를 찾아야 한다. 그러기 위해서는 어떤 현상에 즉각 반응하지 않고, 잠시 있는 그대로 바라보아야 한다. 여기서 중요한 것은 '판단'을 하지 않는 것이다. 많은 경우 자기도 모르게 '판단'을 하게 되는데, 여기에는 또 다른 감정들이 달라붙게 된다. 단 몇 초의 공백만으로도 자기를 알아차리고, 성숙한 행동을 할 수 있다. 우리의 궁극적인 목표는 좀 더 성숙한 삶을 지향하는 것이다.

셋째, 자신의 의지대로 '주의'를 조절하는 것이다. 우리는 대부분 자신의 '주의'가 어디로 갔는지, 있는지 없는지도 모르고 생활한다. 마치 고삐 풀린 소가 밭두렁을 휘젓고 다니는 것처럼 말이다. 외부의 주의에 끌려다니거나, 혹은 무의식의 감정에 이끌려 이리저리 허둥대지 않아야 한다. 그러려면 주의를 내면으로 향하도록 붙들어매야 한다. 자신의 의식이 어디로 흐르는지 민감하게 알아채야 한다. 천방지축 날뛰는 소에 코뚜레를 끼우는 것과 같다. 그래야 내 의지대로 살아가는 삶의 주체가 될 수 있다. 소를 내 마음대로 길들이고 부려야 밭을 갈고 농사를 지을 수 있지 않겠는가?

나는 이 세 가지 생활습관을 형성하는 데 자연과 친숙해질 것을 적극 권한다. 기회가 되는 대로 일주일에 하루, 아니면 한 시간만이라도 자연과 함께하는 시간을 가져라. 혼자라야 자연을 온전히 느낄 수 있다. 동네 산책도 좋고, 흐르는 물가도 좋으며, 산을 오르는 것도 좋다. 자연의 섬세함을 보고 듣고 냄새 맡고 느껴라. 조그만 땅이라도 씨앗을 뿌리고 돌보며 흙을 만지는 것은 더없이 좋은 휴식이 된다. 우리가 대자연의 품속을 느끼는 생활습관을 갖는 것만으로도 우리의 몸은 강한 치유의 에너지를 얻고 심신의 균형을 이루게 된다. 이때 주의를 내면으로 향하게 하는 것, 이것이 곧 명상이다. 일상에서 마주치는 풀 한 포기, 꽃잎 하나에도 생명과 자연을 느끼며 함께 호흡하라.

의식은 언제나 자신이 지향하는 곳으로 자연스럽게 흘러간다. 마치 물이 높은 곳에서 낮은 곳으로 흐르듯이, 식물의 줄기가 빛을 향해서 뻗어나가듯이 아주 자연스럽게 흐른다. 따라서 일상 속에서도 자신의 의식이 어디로 흐르고 있는가를 민감하게 느끼고 점검하는 것이 중요하다.

돌이켜보면 지난 20여 년 동안 나의 삶은 잠시도 쉴 틈이 없이 펄펄 끓는 용광로처럼 달궈져왔던 것 같다. 그럼에도 그 속에는 늘 평온함과 명료함이 함께하고 있었다. 매 순간들은 놀랍게도 연속된 삶의 여정 속에서 자연의 규칙처럼 한 방향으로 굴광성을 유지하고 있었다.

비옥함과
척박함

"젊었을 때는 끌려다니듯 산에 다녔는데, 나이가 드니 산 좋은 것을 알게 됐다."

지인들과 등산을 하다 보면 심심찮게 듣는 말이다.

산은 봄, 여름, 가을, 겨울 사계절이 다 좋지만 그중에서도 진면목은 겨울에 감춰져 있다. 얼핏 보면 황량함뿐인 것 같지만 산의 온전한 자태를 볼 수 있는 것은 겨울 한철뿐이다. 화려한 옷 사이로 들춰진 인간의 나체가 더욱 신비롭듯이, 겨울 산은 올곧이 있는 그대로 자신을 다 드러내기 때문이다.

겨울 산을 움켜쥔 나목들은 이별을 앞둔 연인들처럼, 형형색색의 단풍을 붙잡고 그 끝을 못내 아쉬워했을 것이다. 하지만 곧 낙엽으로 수분을 완전히 떨어낸 후, 뿌리 하나로 엄동설한을 버티어낸다. 생존에 직면하면 어떠한 액세서리도 거추장스러울 뿐이다. 나무는 이렇게 해마다 자신을 완전히 비워내는 과정을 통해 생존과 성장의 방식을 터득한 것이다. 겨울 산행을 할 때면 한 번씩 마른나무를 올려다보며 경외감을 가지게 되는 이유다.

내가 자연과 생명을 사랑하는 마음을 갖게 된 것은 어쩌면 지리산 자락에서 보냈던 유년시절의 추억과 그리움 때문이 아닐까 싶다. 사람들은 나이가 들면서 점점 산이 좋아진다고 한다. 나는 어려서부터 사시사철 변화무쌍한 산의 자태와 그 안에 깃들인 작은 생명의 경이로움을 온몸으로 체험했는데, 이는 내 인생의 축복이 아니었나 싶다.

높은 산에 오르면 고사목 군락을 만나게 된다. 대학교 1학년 때 지리산 천왕봉에 오르면서 처음 고사목을 보았을 때 이색적인 동시에 말로 표현하기 어려운 감정을 느꼈었다.

'죽은 지 오래된 나무들이 어떻게 쓰러지지 않고 저렇게 버티고 있을까?' 하는 의문이 가장 먼저 들었다. 동시에 말라비틀어진 몸으로 칼바람과 맞서 버티고 있는 모습이 애처로워 보이기도 했다. 죽은 지 오래된 고목들이 꿋꿋하게 버틸 수 있는 이유를 세월이 한참 흐른 뒤에야 알게 되었다. 높은 지대에서 자라는 나무들은 강한 바람과 낮은 온도라는 생존하기 어려운 척박한 환경에 놓여 있다. 따라서 그런 환경에서 살아남으려면 외형적인 성장보다는 에너지를 안으로 단단하게 응축해야 한다. 그러니 성장 속도가 느릴 수밖에 없다. 그 대신 훨씬 더 단단한 내적 밀도를 가지기 때문에, 폭풍에 가지가 부러지거나 번개를 맞아 수명이 다할지라도 고사목이 되어 오랫동안 그 자리를 지킬 수 있는 것이다.

반대의 경우도 있다. 지인이 농장을 만들며 값비싼 나무들을 가져다 심었는데 겨울이 되자 모두 얼어 죽었다. 다음 해 다시 나무들을 사다 심었는데, 또 얼어 죽고 말았다. 도무지 납득할 수 없었던 그는 어느 대학 교수님을 모셔와서 원인 분석에 들어갔다. 그런데 알고 보니 나무들이 얼어 죽는 이유가 거름 때문이었다. 거름을 듬뿍 주면 더 잘 자랄 것이라고 생각한 농장 주인은 좋은 나무를 사다 심어놓고 빨리 자라길 바라는 마음에 인근에서 쇠똥을 퍼다 잔뜩 뿌려준 것이다. 그 거름 덕분에 나무는 빨리 자랐다. 하지만 수분이 지나치게 많아지면서 겨울이 되자 얼어 죽은 것이다. 성장하는 데는 거름이 필요하지만, 그것이 지나치면 오히려 나무를 죽게 만드는 것이다.

비옥함과 척박함은 주어진 환경일 뿐이다. 그런 환경에 어떻게 적응하고, 최적의 생존 방식을 학습하는가가 중요하다. 비옥함이 넘치면 겨울에 나무는 얼어 죽을 수 있지만, 척박함은 오히려 죽어서도 오랜 시간을 버텨내는 힘을 길러주기도 한다. 비단 자연에 국한된 이야기만은 아닌 듯싶다.

우리는 주변에서 자신이 처한 상황을 탓하는 사람을 흔히 볼 수 있다. 가난한 부모 밑에서 자란 환경을 탓하는 사람부터, 많이 배우지 못했거나 좋은 대학을 나오지 못한 것을 탓하고, 좋은 회사에 들어가지 못한 것과 원하는 배우자를 만나지 못한 것을 탓한다. 이들의 공통점은 세상을 비난하고 불운을 탓하면서 삶을 방관하거나 체념하며 실패의 그림자 속에 자신을 옭아맨다는 것이다.

어떤 환경에서든 우리는 자신의 삶에 직면하는 용기가 필요하다. 또한 자기를 어떻게 실현할 것인가에 대한 철저한 고민과 성찰을 해야 한다. 겨울 산을 붙잡고 있는 나목처럼, 죽어서도 쓰러지지 않고 칼바람에 맞서는 고사목처럼, 우리 안에는 우리 스스로를 한계 지을 수 없는 강인한 생명력이 움트고 있음을 잠시도 잊지 말자.

진실의
순간

　　　　　　　　　나는 TV도 거의 보지 않고 라디오도 듣지 않는다. 대중미디어의 일방적인 정보 주입을 거부하는 대신 필요한 것이 있으면 정보검색을 통해서 적극적으로 취사선택한다. 어쩌면 오늘날 우리에게 꼭 필요한 능력은 정보의 홍수에서 어느 정도 비켜나 있는 마음의 여유와 언제든 필요에 따라 지식의 갈급을 채울 수 있는 지혜일 것이다. 평소 물을 가둬두었다가 가뭄이 들면 필요한 양만큼 흘려보내는 저수지처럼 말이다.

　〈나는 가수다〉라는 TV 프로그램이 화제가 된 적이 있다. 내로라하는 가수들이 경합을 벌여, 일정 수를 남기고 탈락시키는 방식을 둘러싸고 말이 많았다. 약간 호기심이 들기도 했지만 기획된 대중 프로그램이겠거니 하면서 그냥 흘려보냈다.

시간이 한참 흐른 후 해외 출장길에 우연히 기내 VOD 채널을 돌리다 어디서 본 듯한 사람이 눈에 들어왔다. 부드러우면서도 허스키한 목소리와 다소 느리면서도 가공되지 않은 특유의 제스처로 무대 인사를 하고 있는 가수는 이소라였다. MC와 노래로 무대 위에서 살아온 가수지만 긴장하는 모습이 역력했다. 그녀는 자신의 심정을 몇 마디 인사말로 대신하고 곧 떨리는 음성으로 '바람이 분다'를 부르기 시작했다. 가수의 뺨에 눈물이 흐르고, 관객도 눈시울을 적시면서, 무대와 객석은 일체가 되어 장(場)의 공명을 일으켰다. 가수로서 자신의 이름을 걸고 관객 앞에 마주 선 순간이었다. 나도 이미 그곳에 있었다. 이어지는 6명의 가수도 저마다 한 곡의 노래에 자신의 모든 것을 담아내려 애쓰는 모습이 역력했다. 수없이 많은 무대에서, 수도 없이 노래를 불렀을 그들인데 무대에는 진지함과 긴장감이 흘렀고, 그 순간 관객들도 숨을 죽이는 듯했다. 현란한 춤이 아닌, 노래하는 가수로서 진검승부를 펼치고 있는 것이었다. 보여주기 위한 '쇼'가 아닌 '진실의 순간(MOT: moment of truth)'이었다.

진실의 순간이라는 말은 투우 경기에서 유래했다. 작열하는 태양 아래서 투우사와 황소는 잠시도 긴장을 놓을 수 없는 싸움을 벌인다. 둘 다 지쳐갈 즈음 서로 양보할 수 없는 마지막 순간에 이른다. 황소는 뿔을 곧추세우고 뒷발을 구르며 마지막 거친 호흡을 내뿜는다. 이때 투우사는 온 힘을 다해 달려드는 황소와 정면으로 맞서며 최후 일격의 창을 정수리에 꽂아야 한다. 만약 실수하면 투우사는 온전할 수 없다. 이 순간 투우사와 황소, 그리고 관중들은 정적 속에서 미세한 움직임과 느린 시간의 흐름을 좇게 된다. 소름 끼치는 순간이다.

우리에게 '진실의 순간'은 무엇이며, 우리는 어떤 각오로 '진실의 순간'을 대하고 있는가? 고객은 우리에게 무엇이며, 우리는 무엇으로 매일 자기 자신과 직면하는가? 시장은 달려드는 황소처럼 한순간도 우리에게 틈을 허용하지 않는다. 동시에 우리가 존재하는 이유와 존속할 수 있는 원동력을 제공하기도 한다.

오늘날 시장은 우리에게 속도와 양의 문제를 훨씬 넘어선 새로운 개념과 부가가치를 요구한다. 이러한 시장의 요구는 본질에 대한 숙고와 응축이 전제될 때만이 충족시킬 수 있다. 뿔을 곧게 세우고 침을 흘리며 정면으로 달려드는 황소와 맞서는 것처럼, 진실의 순간은 두 번 다시 오지 않는다는 것을 명심해야 한다. 고객을 대하는 모든 접점과 매 순간이 바로 진실의 순간이다.

얼마 전 한 회사에서 '멘탈헬스 시장의 트렌드와 교육 프로그램의 방향'에 대해서 특강을 한 적이 있다. 개인적으로 관심이 많은 분야이기도 하고, 박사학위 주제인 '일터영성'과도 관계가 있었다. 강의가 끝나고 한 여성 본부장이 부하직원들을 리드하는데 어려움이 많다며, 고민하는 직원들에게 어떤 질문을 던져야 그들을 일깨울 수 있는지를 물었다.

나는 기본적으로 인생을 살아가는 데 특별한 노하우나 지름길은 없다고 생각한다. 삶의 가치에 대한 판단 기준도 제각각이어서 옳고 그름을 이야기하기 어렵다. 하지만 분명한 사실은 자신의 삶에 스스로 직면해야 한다는 것이다. 인생은 그냥 살아지는 것이 아니기 때문이다. 어려움이 닥쳤을 때, 눈앞이 깜깜할 때, 더는 견디어낼 힘이 없다고 생각할 때가 바로 삶에 직면해야 할 시점이다. 몸과 마음의 힘을 빼고 고요함을 유지한 상태로 물러서지 않는 것이 중요하다.

회피하지 말아야 한다. 조금만 어려우면 이런저런 핑계를 대며 현실에서 도망치는 젊은이들을 볼 때면 정말 가슴이 아프다. 사회 초년생들에게 무엇보다 필요한 것은 직면하는 태도를 갖는 것이다. 아무리 머리가 좋고 교육을 잘 받았다 하더라도 문제를 회피하고 편안함을 좇는다면 희망이 없다.

먼저, 자신에게 삶은 무엇이며, 일은 어떤 의미를 가지는지 숙고해야 한다. 온전하게 자기 자신과 직면할 준비가 되어 있을 때 우리는 '진실의 순간'에 당당하게 임할 수 있다. 그래야 투우사처럼, 〈나는 가수다〉의 무대에 선 가수들처럼, 삶과 일터에서 우리의 진면목을 펼쳐 보일 수 있다.

한 가수가 자신의 모든 것을 걸고 눈시울을 적시며 노래하는 모습이 다시금 떠오른다. 스스로에게 직면하는 그녀의 용기와 진솔함이 가슴을 파고든다.

꿈틀대는 '생명 충동'

　　　　　　　　　　인류 역사상 가장 위대한 발견 중 하나가 찰스 다윈의 《종의 기원》이다. 오늘날의 현대과학은 인류의 진화가 가져다준 과학적 증거와 체계적인 이론으로 불과 100여 년 만에 비약적인 발전을 거듭했다. 생물학이나 물리학 같은 과학적 방법을 통해 우주의 질서와 생명 존재의 본질을 규명하려는 도전은 지금도 계속되고 있다.

　　프랑스 철학자 앙리 베르그송(Henri Bergson)은 찰스 다윈의 영향을 받은 유심론자로, 기존의 진화론으로는 인간의 성장을 설명할 수 없는 부분이 있음에 주목했다. 그는 진화의 필요조건을 두 가지 제시했다. 하나는 개체 스스로 자신을 이전과 차별화하고 새롭게 변화하려는 내면의 강한 충동력인 '엘랑비탈(élan vitale, '생명의 도약'이라는 뜻)'이며, 다른 하나는 아이러니하게도 지속성을 유지하려는 본성이다. 즉 변화하려는 욕구와 있는 그대로를 유지하려는 본성이 동시에 존재한다는 것이다. 그는 이 두 가지가 충족된 진화를 '창조적 진화(creative evolution)'라고 불렀다. 특이한 점은 '내면의 강한 엘랑비탈'이 변화의 방향을 제공한다는 것이다.

진화를 적응과 생존의 단순한 귀결로 보지 않고, 방향성을 가진 강한 생명 충동의 발현이라고 보았다는 점에서 매우 혁신적인 발상이라고 생각한다. 일정 기간의 경험체계를 통해서 개체에 녹아든 '직관'이 이러한 생명력의 본질이며, 과학적 인식체계로는 이를 환원할 수 없다는 것이다. 예를 들면 진주 구슬 하나하나가 물리적 법칙에 근거한 진화의 결과라면, '축적된 직관' 속에 녹아 있는 생명력은 '구슬을 꿰는 실'과 같은 것이다.

우리의 삶에는 어떠한 엘랑비탈이 살아 숨 쉬고 있을까? 인간이 독립된 삶의 주체로서 '온전한 자유'를 확보하게 된 것은 놀랍게도 그리 오래된 일이 아니다. 역사가 기록되기 시작한 이후만 보더라도 인류는 끊임없이 '자유'를 향한 투쟁의 질곡을 겪어야 했으며, 대부분의 시간을 '신'과 '제도'에 종속된 제한적 주체로서 존재했다. 20세기 철학 사조인 실존주의는 인간의 실존 자체가 '선택'과 '무한책임'을 의미하며, 본질에 앞선다는 명제를 내세워 인본주의의 뿌리를 내리기 시작했다. 실존주의자들에게 '미래'는 관념적 희망이나 정해진 숙명이 아니라 자신의 '행동'에 의해서만 규정될 수 있는 '현(現) 세계'다. 마치 화가가 자신의 의지대로 캔버스 위에 그림을 그리는 것과 마찬가지다. 누군가 정해준 대로 그림을 그린다면 그는 이미 화가라고 할 수 없지 않은가.

우리의 미래는 순박한 믿음이나 희망에 의해서 주어지는 것이 아니다. 독립된 삶의 주체로서 자신의 실체에 대한 냉철한 인식과 선택에 대한 책임, 그리고 '행동'이 만들어내는 '현 세계'가 바로 미래인 것이다. 회사도 마찬가지다. 오늘 우리의 모습이 과거에 살아온 삶을 보여주듯이, 우리의 미래는 곧 구성원 한 사람 한 사람의 현재 선택과 책임, 행동의 총합이 될 것이다.

당근은 창업 후 지금까지 생존의 문제와 성장의 고통을 극복한 훌륭한 경험체계를 가지고 있다. 그 속에 녹아 있는 '직관'이 미래에 생명력을 제공할 것이라고 믿는다. 하지만 이것이 가능하기 위해서는 베르그송이 이야기한 것처럼 우리 스스로를 과거와 분리하고 차별화하는 창조적 접근이 필요하다고 본다.

내가 경영을 시작하면서 하나의 지표로 삼은 책이 있다. 바로 짐 콜린스의 《좋은 기업을 넘어 위대한 기업으로 Good to Great》이다. 나는 이 책을 통해 기업 경영과 삶이 같은 방향으로 나아갈 수 있음을 확신했다. 그런데 우리는 이 책에 소개된 휴렛패커드와 같은 세계적인 기업들이 몰락의 길을 걷는 것을 지켜보게 되었다. 짐 콜린스는 그 원인이 어디에 있는지 10년 동안 체계적으로 연구한 후, 최근에《위대한 기업은 다 어디로 갔을까?*How Mighty Falls?*》라는 책으로 펴냈다. 그는 위대한 기업들이 몰락한 이유가 과거의 성공에서 나온 자만심이 조직 내부에 팽배해지고, 이로 인해 조직의 팀 역동성이 사라졌기 때문이라고 보았다. 이러한 조직들은 도전에 대한 실패를 용인하지 않기 때문에 실패의 원인을 남의 탓으로 돌리기 일쑤다. 일단 회사가 이 정도에 이르면 몰락하는 것은 순식간이다.

짐 콜린스의 책이 아니더라도 우리는 주위에서 잘나가던 회사가 하루아침에 몰락 위기에 처했다는 이야기를 뉴스에서 어렵지 않게 접할 수 있다. 대부분 과거의 성공 경험이 몰락의 원인이 되었다는 것은 아이러니다. 예를 들어 M&A(인수·합병)를 통해 사업과 조직 규모를 빠르게 확장해나간 기업은 계속해서 M&A의 유혹에 빠지면서 기업의 안정성을 잃고 결국 위기를 맞는다. 과거의 성공을 통해서 확보된 '직관'만을 맹목적으로 따랐기 때문에 벌어지는 일이다. 과거의 성공 경험에서 벗어나 새로움에 직면하는 '생명 충동'이 항상 꿈틀대도록 해야 하는 이유가 여기에 있다.

피겨 여왕 김연아가 완벽한 연기를 펼치며 한국 피겨 사상 처음으로 올림픽 금메달을 따던 순간이 떠오른다. 온 국민들이 혹여 실수하지 않을까 조마조마하며 손에 땀을 쥐고 응원을 했다. 우리가 이렇게 스포츠의 한 장면에 빠져드는 이유는 그 몇 분의 순간에 승리의 환호와 아쉬움이 교차하는 인생 역전 드라마가 펼쳐지기 때문이다. 승부에 임하는 모든 선수가 다 승자가 될 수 없다는 것을 알면서도, 어느 누구도 승리에 대한 희망을 놓지 않는다. 승부에 임하는 순간, 그들의 '생명 충동'은 최고조에 달하기 때문이다.

침팬지와 오렌지주스

"그만한 역량이 있는 사람이야?"

"그 회사가 우리와 함께 일하기에 충분한 역량을 갖추고 있는지 점검해봐야 하지 않을까?"

'역량'이란 말은 지난 10년간 우리 주위에서 가장 많이 듣는 단어 중 하나가 되었다. 어쩌면 오늘날 지식 사회에서 '개인'을 정의하는 잣대의 기능을 하는 것 같다.

그렇다면 역량이란 무엇이며, 왜 그렇게 중요하게 다루어야 하는지를 생각해볼 필요가 있다.

역량(competent)이란 1970년대 중반 하버드 대학교의 조직심리학자 데이비드 맥클랜드(David McClelland) 교수가 처음 정의한 개념으로, '특정 환경에서 주어진 문제를 해결하는 개인의 복합적인 능력'을 의미한다. 오늘날 급변하는 사회적 환경과 역동성이 개인의 문제 해결 능력을 요구하게 된 것이다. 그리고 역량 확보는 이제 우리 모두에게 주어진 생존 과제가 되었다.

'역량'은 개인의 인지 능력과 직접적인 상관관계를 가진다. 그렇다면 '인지 능력을 어떻게 향상시킬 수 있는가'라는 의문이 드는데, 이는 뇌의 생물학적 기제가 '학습'에 대해 어떻게 반응하는지를 보면 이해할 수 있다. 뇌의 신경회로는 경험을 통해서 재조직된다는 '신경 가소성 이론(plasticity theory)'으로 설명할 수 있는데, 이는 뇌를 이해하는 핵심 개념 중 하나다.

뇌가 어떻게 변화하는지 살펴보기 위해서 심리학자들은 침팬지 팔근육의 일부 기능을 손상시킨 다음 두 그룹으로 나누어 재활 훈련을 시켰다. 인간의 뇌는 역동적이며 효율성에 관한 한 신비로울 만큼 완벽한 시스템을 갖추고 있다. 뇌의 활동은 곧 생존력과 직결되기 때문이다. 따라서 일부 기능이 손상되어 운동기능을 수행하지 못하면 손상된 위치에 해당하는 뇌피질 세포는 소멸한다.

A그룹의 침팬지는 팔에 줄을 매달아 올렸다 내렸다를 반복하는 동안 목표량을 달성하면 오렌지주스를 제공받았다. 반면 같

은 조건의 훈련에서 B그룹의 침팬지에게는 의미 없는 종소리를 들려주었다. 결과적으로 A그룹의 침팬지는 손상된 팔근육에 대응하는 대뇌피질 영역이 기존보다 더 확대되고 팔에 근육이 생겨 재활에 성공했다. 반면 B그룹의 침팬지들은 해당 뇌피질 영역이 오히려 축소되었으며, 손상된 근육도 재생되지 않았다. 재활운동을 하는 동안 오렌지주스는 침팬지에게 '의미 있는 동기'로 작용했던 것이다. 그 결과 뇌신경을 재생시키는 데 성공할 수 있었다. 반면 똑같은 재활운동을 했지만 종소리는 침팬지에게 어떠한 동기도 부여하지 못했고, 손상된 근육과 뇌피질도 회복되지 않았다.

이러한 신경 가소성의 예는 우리 주변에서도 흔히 볼 수 있다. 뇌경색으로 쓰러진 사람들이 심리적 위축을 극복하고 얼마나 적극적으로 재활에 임하느냐에 따라 회복력이 달라지는 것도 같은 이치다.

삶의 끝자락에서 희망을 놓지 않고 운명에 직면하는가, 아니면 좌절하고 회피하는가 하는 동기의 차이가 신경회로를 재구조화하는 데 결정적인 역할을 하는 것이다.

얼마 전 나무 묘종 사업을 하는 사장님을 알게 되었다. 평생 동안 직장생활을 했는데 몇 년 전 갑자기 뇌경색으로 쓰러지셨다. 집 근처 병원에 입원해서 절망적인 나날을 보내고 있을 때,

그분의 유일한 소망은 옥상까지 2개 층 계단을 올라가는 것이었다고 한다. 자신의 처지가 너무도 절망스러워 삶을 포기하고 싶은 마음에서였다. 그런데 노력 끝에 힘이 조금씩 생기고 계단을 오를 수 있게 되자, 죽고 싶었던 마음은 감쪽같이 사라지고 살아야겠다는 마음이 생기더라는 것이다. 지금은 거의 정상인과 다름없는 생활을 하고 있다. 그리고 자연 속에서 나무 수종을 가꾸며 보너스 인생을 열심히 살아가고 있다.

가끔 젊은 직원들 가운데 어려운 과제나 상황에 부딪히면 직면하기보다는 회피하려는 사람들이 있어 안타까울 때가 있다. 이것은 마치 '정신적 뇌경색'과 같은 것이다. 단순하게 주어진 일이나 쉬운 일만 하려는 사람은 미래도 희망도 없이 무기력한 삶을 살게 된다. 주어진 일만 하는 사람은 아무리 점수를 후하게 준다 해도 50점 이상 줄 수 없다.

자신에게 주어진 직무는 회사에서 기대하는 최대치가 아닌 최소치임을 잊어서는 안 된다. 이러한 무기력을 극복하기 위해서는 먼저, 자신이 하는 일에 의미를 부여해야 한다. 그러면 사회인으로서 자신의 정체성도 찾게 되고, 일을 통해 사회적 가치를 창출한다는 보람도 느낄 수 있다.

일은 원래 어렵고 쉬운 것이 없다. 온전히 자신의 역량에 달려 있기 때문이다. 어려운 문제가 주어지면 최고의 학습 기회라고 생각하라. 회피하지 않고 당당하게 직면함으로써 경험을 쌓는 것만이 신경회로를 변화시킬 수 있는 유일한 길이다. 이것이 곧 과거로부터 벗어나 새로운 운명을 창조하는 시작점이 된다는 것을 잊지 말자.

집단성의 본질

　　　　　　　　직장인들은 하루 근무 시간 중 1시간 54분을 인터넷 검색이나 개인적인 활동에 사용하고 있다는 기사를 보았다. 이는 하루 8시간 근무한다고 할 때 25퍼센트에 해당한다. 직장인들의 이러한 '딴짓'은 조직이 생산성을 올리기 위해서 시도하는 많은 노력을 공염불로 만드는 결과를 초래한다.

　기업들은 이러한 행동을 제재하기 위해 근무 시간 내 인터넷 포털사이트나 쇼핑몰 접속을 금지하거나 주식 사이트를 차단하고, 최근에는 각종 메신저나 SNS 접속을 통제하기 위해서 안간힘을 쓰고 있다. 하지만 하루가 다르게 업그레이드되는 IT기술과 일과 중에 잠시라도 긴장을 풀고 싶은 직장인의 마음이 찰떡궁합이 되어 완전한 통제는 어려울 듯하다. 더구나 요즘은 스마트폰까지 폭넓게 보급되어 직원들의 행동을 통제하기가 더욱 어려워졌다.

그런데 직원들이 이러한 행동을 하는 데는 어떤 심리가 작용하는 것일까? 100여 년 전, 사람들의 집단성을 연구하던 독일의 심리학자 막시밀리언 링겔만(Maximilien Ringelmann)은 줄다리기 실험을 통해서 집단 안에 숨어 있는 인간의 심리적 속성을 관찰했다. 그는 사람들이 줄다리기를 할 때, 집단의 인원수에 따라 쏟는 힘의 크기가 다르다는 것을 발견했다. 예를 들어 양쪽에서 1명씩 줄을 당길 때 100퍼센트의 힘을 쓴다고 가정하면, 3명이 한 팀을 이루어 줄을 당길 때는 80퍼센트 정도의 힘만을 사용했다. 그리고 숫자를 늘려 8명이 줄을 당기게 했더니 자기 힘의 절반도 안 되는 48퍼센트의 힘만을 사용했다. 이는 자신의 존재감이 잘 드러나지 않는 경우 안이한 협동관계 속에서 표출되는 집단 현상이라고 할 수 있다. 이처럼 집단에 속한 개인의 수가 많을수록 1명이 성과에 기여하는 정도는 오히려 떨어지는 현상을 링겔만 효과라고 부른다.

따라서 빠르게 성장하는 조직에서 링겔만 효과는 반드시 극복해야 할 문제 중 하나다. 조직의 규모가 작았을 때는 협력을 중시하던 문화가 자칫 조직의 규모가 커지면서 열심히 일하지 않는 문화로 변질될 수 있기 때문이다. 집단의 뒤에 숨어 '나 하나쯤' 하는 안일함이 조직 전체에 퍼지는 것이다.

그 실례로 《그룹 지니어스Group Genius》의 저자인 키스 소여는 브라질 셈코 사의 리카르도 샘러가 300명이 일하는 공장을 3개의 독립된 공장으로 나눈 사례를 소개하고 있다. 물론 이런 결정을 실행하는 데는 비용이 많이 들었으며 비능률적으로 보였지만 1년 사이에 매출이 2배로 늘어났고, 재고를 조사하는 데 걸리는 시간은 136일에서 46일로 줄어들었으며, 혁신이 이루어지면서 신제품의 시장 진출 속도가 빨라졌다고 한다.

그렇다면 집단은 우리에게 어떤 의미가 있는가? 분명한 사실은 집단성은 인간에게 개인성만큼이나 중요한 본성이라는 것이다. 만약 집단성이 없었다면 우리는 진화 과정에서 살아남지 못했을 것이고, 고차원적인 사회를 구성할 수도 없었을 것이다. 우리의 DNA 속에 견고하게 새겨진 집단성이 조직을 이루게 하고, 개체의 충성심을 끌어내며, 목표를 성취하게 한다.

조직 문화의 관점에서 본다면 집단성은 보이지 않는 손처럼 '동조(sync)'라는 메커니즘을 통해 유지된다. 서로 동조하는 경향은 우주에서 가장 일반적인 현상 중 하나다. 우리 주위의 혼돈스러운 자연과 일상 속에서 이러한 현상을 쉽게 찾아볼 수 있다. 오랜 시간을 함께 지낸 친구나 직장 동료들은 월경 주기가 비슷해 진다는 사실이나, 리더가 없는 반딧불 수천 마리가 동시에 발광을 하며, 레이저빔이 파동의 동조 현상을 통해서 강력한 에너지를 방출하는 현상 등이 그러한 예다. '동조'는 혼란 속에 숨어 있는 집단의 강력한 존재 양식인 것이다.

〈하버드 비즈니스 리뷰〉는 2013년 5월호에서 가장 높은 부가가치를 창출하는 조직에 대한 특집기사를 다루었다. 오늘날 기업이 직면한 환경은 과거 어느 때보다도 역동적이며 창의성을 요구하기 때문에 조직 구성원들이 회사를 믿고 일에 몰입할 수 있는 진정성 있는 조직을 만들어야 한다는 것이다. 이를 위해서는 무엇보다도 직원들의 차이를 수용해야 한다. 일터는 직원들의 잠재성과 개성이 발현되는 장이 되어야 하며, 개인은 일을 통해서 자신의 존재 가치를 발견하고 키워나가게 된다. 따라서 리더들은 진정성을 가지고 구성원들의 개성을 수용해야 한다.

인간의 개인성과 집단성의 특성을 조직 내에서 어떻게 조화롭게 유지하느냐가 관건이다. 물론 쉽지 않은 일이다. 하지만 어느 한쪽도 간과해서는 안 된다. 구성원들은 일과 조직에서 자기정체성과 가치를 상실할 때 자기중심적이 되고, 이로 인해 인간관계에서 소모적인 갈등이 빚어진다. 치열한 경쟁과 촉각을 다투는 시장 환경 속에서 링겔만 현상에 빠진 조직은 조직의 규모와 과거 실적에 상관없이 시한부 선고를 받은 것과 같을 수밖에 없다. 집단성과 개인성이 조화를 이룰 때 조직과 개인은 같은 목표를 향해 나아갈 수 있다. 사람과 조직에 대한 리더의 깊은 통찰이 요구되는 시대다.

조직이 살아 숨 쉬는 원천, 대립성

　　　　　　　텔레비전을 멀리하는 나도 가끔은 자연 다큐멘터리를 시청한다. 한번 보기 시작하면 끝날 때까지 시선을 떼지 못하는데, 대자연의 웅장함과 역동성 그리고 다양한 생명들의 생존을 위한 몸부림이 경이로울 뿐이다. 특히 화면을 통해 보는 아프리카는 세기적인 예술 작품들을 전시해놓은 박물관처럼 언젠가는 꼭 가보고 싶은 유혹 덩어리다.

　하지만 초원의 현실세계는 다큐멘터리에서 보는 것처럼 낭만적이지만은 않다. 동이 트면 사자는 번뜩이는 눈으로 갈기를 휘날리며 먹이를 쫓고, 초식동물들은 사자에게 잡아먹히지 않기 위해 죽을힘을 다해 내달리는 광경이 매일같이 펼쳐진다. 배를 채우기 위해 포효하는 포식자와 살기 위해 내달리는 먹잇감의 한 치 양보도 없는 생존 투쟁이 아프리카 초원을 살아 숨 쉬게 하는 생명력이다.

초원의 왕으로 군림하는 사자도 항상 배불리 먹는 것은 아니다. 사자의 사냥 성공률은 채 30퍼센트도 안 되기 때문에 많은 초식동물들이 떠난 건기에는 굶어 죽는 사자들도 허다하다. 반면 초식동물들은 개체수를 빠르게 늘리고 달아나는 기술을 연마함으로써 천적으로부터 종의 보존을 유지하고 있다. 이처럼 대립하는 두 개체는 상호의존 관계를 통해 생태계에 역동성을 불어넣는다.

대립성(bipolarity)은 생명의 세계뿐만 아니라, 물질의 세계에서도 같은 존재 원리를 제공한다. 예를 들어 수십만 가지 분자 구조들이 안정된 상태를 유지하는 것은 분자들이 각각의 고유성을 가지고 서로 밀고 당기며 대립성을 유지하기 때문이다. 원자와 같은 미립자의 세계에서도 물질은 안정성과 불확실성을 동시에 내포하는데, 이는 원자와 전자들이 서로 대립성을 가지고 있기 때문이다. 이처럼 대립성은 존재하는 물질의 구성과 움직임의 메커니즘을 설명해준다.

인간의 존재 양식도 이러한 대립성의 특성을 다분히 내포하고 있다. 긍정심리학의 창시자인 마틴 셀리그먼(Martin Seligman) 펜

실베이니아 대학 교수는 인간에 대한 통찰을 통해 인간의 양면성을 인정하고 이것을 다루는 것이 긍정심리학의 출발점이라고 정의했다. 그는 인간 진화는 이기심과 사악함을 지속시키는 특성과, 이타성과 선량함을 지속시키는 특성의 조합이며, 이 둘 다 참되고 근본적이라고 해석했다. 이는 일찍이 인간의 속성을 신성과 악성 두 차원으로 구분하여 접근한 맥그리거의 XY이론과 비슷한 맥락이다.

이는 조직의 관점에서도 시사하는 바가 크다. 나는 훌륭한 조직일수록 다양성을 통해 내적 역동성을 확대해나간다고 생각한다. 개체적으로 볼 때는 조금 혼란스러울 수도 있지만 전체적으로 보면 훨씬 창의적이고 생존력이 강한 조직이 될 수 있다. 조직 내부에 존재하는 다양한 대립성은 극복해야 하는 과제인 동시에 조직을 살아 움직이게 하는 힘의 원천이기 때문이다.

좋은 기업이란 무엇인가? 나에게 좋은 기업은 수준 높은 조직 문화(사람으로 치면 '인격'과 같은 것이다)와 의식 있는 구성원들의 조합이다. 성숙한 인격을 가진 사람은 각 개인들이 가지는 다양성을 이해하고 포용할 줄 아는 것처럼, 수준이 높은 조직 문화는 다양한 내부 구성원들을 개체적으로 이해하고 융합해낼 수 있어야 한다. 이러한 과정에서 조직은 더욱 강인해지고 창의적으로 진화하게 된다.

내적 융합을 추구하는 과정에서 발생할 수 있는 자극과 스트레스는 일종의 유토피아적 스트레스(U-stress)로서, 조직 구성원의 성장을 촉진하고 수행 결과를 향상시키는 긍정적인 결과를 낳는다. 하지만 오랜 시간 동안 조직 내부로부터 오는 자극이 없거나 또는 의미 없는 갈등의 반복은 구성원들에게 디-스트레스(D-stress)를 유발하며 직무 탈진이 되거나 비생산적인 결과를 초래하게 된다. 메기가 몇 마리 있는 논에서는 미꾸라지의 개체수가 급증하고 살이 찌는 반면, 메기가 없는 논에서는 미꾸라지 개체수가 적고 중량이 떨어지는 것과 같은 이치다.

　대립성이란 하나가 죽고, 하나가 사는 배타적인 관계가 아니다. 그것은 서로 공존하면서 긴장을 유지하고 생명력을 만들어 내는 원천이 된다. 양립할 수 없는 것처럼 보이는 많은 문제들이 사실은 늘 동시에 존재하는 자연스러운 현상인 것이다.

　조직도 예외는 아니다. 다양한 사람, 다양한 생각이 서로 부딪혀야 변화와 혁신을 창출하는 에너지가 될 수 있다. 리더들은 이러한 내적 역동성이 균형을 유지하도록 유도하고 인내하며 지켜볼 수 있어야 한다.

　우리가 꿈꾸는 훌륭한 조직은 이처럼 단순하면서도 강력한 자연의 원리가 전제되어야만 가능할지 모른다. 기업에게 시장(market)은 아프리카 세렝게티 초원과 같은 곳이다. 잠깐 한눈을 팔았다가는 포효하는 천적에게 언제 생명을 빼앗길지 모른다. 따라서 조직이 늘 살아 숨 쉬도록 다양성을 증대하고, 시장에 존재하는 많은 대립적인 요소들을 자신의 존재와 성장의 원천으로 삼는 지혜가 필요하다.

생존
DNA

'동물에게도 이타성이 존재할까?' 이는 흥미로운 주제이면서도 쉽게 끝나지 않는 논쟁거리다. 많은 사람들이 이타성을 고도의 인지 기능을 수행하는 인간의 고유한 특성이라고 주장한다. 반면 동물도 보호본능 이상의 이타성을 가지고 있다고 주장하는 사람들도 있다. 이들이 흔히 예로 드는 것이 미어캣의 행위다. 사막에 서식하는 미어캣은 다람쥐와 비슷하게 생겼는데, 두 발로 서서 주위를 두리번거리는 모습이 귀여워 사람들의 관심을 받는다. 미어캣은 수십 수백 마리씩 군집생활을 하는데, 독수리와 같은 포식자가 나타나면 가장 먼저 발견한 녀석이 꼿꼿이 선 채 다른 동료들이 안전하게 대피

할 때까지 소리를 지른다. 이런 행위는 포식자에게 자신의 위치를 가장 먼저 노출하기 때문에 희생을 감수한 이타적 행위로 비친다.

동물의 이타적 행위를 이야기할 때 빼놓을 수 없는 또 다른 사례는 산양 무리다. 한 떼의 산양이 새로운 초원 지대로 이동하면서 계곡을 지날 때 산양 한 마리가 후방을 경계한다. 그 산양은 무리가 안전하게 건너편 언덕에 오를 때까지 그 자리를 지킨다. 늑대들에게는 이때가 산양 무리를 공격하기에 가장 좋은 순간이기 때문에 홀로 후방 경계를 감당하는 양은 첫 번째 표적이 된다. 따라서 산양의 이런 후방 경계 행위도 동물에게서 볼 수 있는 전형적인 이타적 행위로 언급된다.

하지만 칠레의 철학자이자 인지생물학자인 움베르토 마투라나(Humberto Maturana)는 동물의 이러한 행위가 이타적 감정에서 나오는 것이 아니라고 주장한다. 이러한 현상은 집단의 생존을 위한 가장 효율적인 방법이 세대를 지나면서 DNA에 고착된 것이라는 이야기다. 다시 말해 이성이나 정서를 기반으로 하는 희생 행위라기보다는 주어진 환경에서 종을 보존하기 위한 본능적인 행위가 유전자에 각인되어 진화했다는 것이다. 마투라나는 이처럼 세대를 넘어오면서 형성된 생존 DNA를 '구조 접속'이라 불렀다.

그렇다면 250만 년 동안 진화 과정을 통해 지구상에 종의 지배자로 군림하게 된 인간에게는 어떠한 생존 DNA가 새겨져 있을까? 나는 인간의 뛰어난 학습 능력이 그 해답이라고 생각한다. 학습 능력은 변화하는 환경에 빠르게 적응하고 생존력을 강화하는 핵심 기제이기 때문이다. 이것은 인간이 세대를 넘어오며 구조 접속을 통해서 획득한 가장 효율적인 생존 방법이 아닐까?

기업의 관점에서 보면 오늘날의 경영 환경은 과거에 경험해보지 못한 빠른 속도로 우리를 변화의 소용돌이 속으로 내몰고 있다. 트위터나 페이스북이 한순간에 새로운 경험으로 다가왔듯이, 새로운 환경과 경험을 가장 빠르고 성공적으로 학습한 조직만이 미래의 생존 가능성을 확보할 수 있을 것이다.

세계화(globalization)는 이런 거대한 변화의 중심축에 있다. 따라서 기업들은 글로벌 역량을 어떻게 강화하느냐가 생존의 필요조건이 되었다고 생각한다. 이것은 이타성처럼 희생을 전제로 한 개체의 선택 행위가 아니다. 기업이 지속 가능한 생명력을 유지하기 위해 자연스럽지만 치열하게 내재화된 '구조 접속'의 과정이 되어야 하는 것이다.

미운 오리 새끼와
글로벌 역량

안데르센의 동화 〈미운 오리 새끼〉는 고요하고 아름다운 한 농가에서 시작된다. 오리 틈에서 자란 백조는 오리들에게 따돌림을 당하며 좌충우돌 괴로운 시간을 보낸다. 시간이 지날수록 무리와 다른 생김새 때문에 미운 오리 새끼는 더욱 정체성의 혼란을 겪을 뿐이었다. 그러던 어느 날 우연히 호숫가에서 한 무리의 백조를 발견하게 된다. 백조들이 노는 모습을 훔쳐보다 물에 비친 자신의 모습을 본 미운 오리 새끼는 자신이 아름다운 백조라는 것을 발견하고, 마침내 힘껏 날갯짓을 한다.

세계화는 오늘날 우리를 둘러싼 가장 급변하는 환경 중 하나라고 할 수 있다. 이것은 우리의 의사와는 관계없이 모든 것을 새로운 세계의 장으로 끌어내고 있다. 존폐의 위기인지, 둘도 없는 기회인지 분간하기도 어렵다. 분명한 사실은 우리에게는 선택의 여지가 거의 없다는 것이다. 세계화라는 경영 환경의 변화는 외부 요인이지만, 이러한 환경에서 성패를 좌우하는 것은 내부 요인이다. 한마디로 개인이건 기업이건 글로벌 환경 변화에 대한 인식과 역량을 강화하는 일이 곧 생존을 가름하는 잣대가 될 것이다.

글로벌 역량은 단순히 외국어를 구사하는 능력에 있는 것이 아니다. 물론 커뮤니케이션은 중요한 요소다. 하지만 거기에 '이문화에 대한 이해'와 '열린 마음', 다양한 환경에 적응하는 '유연성' 그리고 이를 바탕으로 한 '글로벌 직무 역량'과 '리더십'을 확보해야 한다. 기업의 최고경영자부터 조직 구성원 개개인에 이르기까지 글로벌 경영 환경에 대한 인식을 공유해야 하며, 체계적인 교육 훈련을 통해 기업의 전략적 글로벌 역량을 확보해야 한다.

'선진 글로벌 기업들이 지난 30~40년간 축적한 글로벌 역량 체계를 우리는 어떻게 빠르게 확보할 것인가?'

이는 우리에게 주어진 중요한 과제다. 하지만 조직의 역량이나 문화는 상품이나 서비스의 경쟁력을 강화하는 것처럼 단시간에 마음먹고 따라잡을 수 있는 것이 아니다. 물론 모범답안이나 지름길도 없다. 그렇다고 주저앉을 수는 없는 노릇이다. 우선 글로벌 스탠더드에 대한 깊은 이해와 기업의 현재 상황에 대한 객관적인 인식이 필요하다. 그리고 그에 맞는 글로벌 인사 전략(GHR: Global Human Resource)을 수립해야 할 것이다. 무엇보다 중요한 것은 지속적 실행과 성과를 책임질 수 있는 사내 전문가들을 양성하는 것이다.

한국을 대표하는 여러 기업들이 회사의 미래 가치를 걸고 새로운 시장을 확보하기 위해 중국을 포함한 동남아시아 시장에서 경쟁적으로 승부수를 띄우고 있다. 하지만 많은 기업들이 실패의 쓴맛을 보고 있는 것이 현실이다.

게르트 홉스테데(Geert Hofstede)는 IBM이 진출한 국가의 IBM 직원 11만 7000명을 대상으로 국가 간 문화의 차이를 비교 분석하여, 그 결과를 1980년 《문화의 결과 Culture's Consequences》라는 책으로 출간했다. 그의 연구가 의미하는 바는 물리적 거리를 떠나 유럽이건 남미건 동남아시아건 어느 시장도 준비되지 않은 자에게 절대 호락호락한 법이 없다는 것이다. 현지인의 사고방식과 일하는 방식을 이해하지 않고는 해외 진출 기업이 성공하기는 어렵다.

특히 우리 기업들이 실패하는 가장 큰 요인이 업무 실적을 근거로 한 해외 주재원 및 파견자의 선발 방식에 있지 않나 생각한다. 또한 많은 기업들이 글로벌 진출에 대한 당위성만을 앞세운 채, 해외 파견 대상자 교육(expatriate training)을 단순 어학 교육에 국한하는 것도 그 요인일 것이다. 그러니 생산 거점 또는 판매 거점인 현지 국가에 대한 체계적인 이해와 전략이 부재한 상태에서 국내에서 하던 방식대로 밀어붙이고 있다. 경영진의 글로벌 마인드가 부족하고 치밀한 전략이 마련되지 않은 상태에서 글로벌 시장에 뛰어드는 것은, 마치 수건으로 눈을 가리고 누군가를 찾는 술래놀이와 다를 바 없다.

이러한 관점에서 조직 개발과 변화 관리의 주체로서 HRD의 역할은 그 어느 때보다 중요하다. 여러 국가에 걸쳐 있는 조직 구성원들을 하나로 묶어낼 수 있는 정체성을 확보해야 하며, 회사의 글로벌 비전과 경영 전략을 수행할 수 있는 역량 개발 체계와 과정의 설계, 이문화의 특성을 고려한 본사와 해외 법인 간의 인바운드·아웃바운드(in-bound & out-bound, 글로벌 인사 본부에서 해외 법인에 있는 인력들을 교육시키는 방법. 현지 법인에서 채용한 핵심 인재들을 본사에서 직접 교육하는 것을 인바운드 교육, 본사의 교육 체계와 시스템을 해외 법인에 그대로 적용하여 교육하는 것을 아웃바운드라고 한다) 교육 체계를 수립해야 한다. 글로벌 인적 자원 관리(GHR)로의 빠른 전환이 요구되는 시점이다.

해외 진출 실패는 많은 기업들에게 패배감을 안겨준다. 안타까운 것은 실패의 원인을 주로 외부 환경 탓으로 돌린다는 점이다. '시장 환경이 좋지 않아 다른 기업도 실패하고 있다', '우리의 서비스나 제품이 시장 속성과 맞지 않다', '이미 선진 기업들이 너무 많이 진출해 있다'는 이유를 대서는 안 된다. 글로벌 시장 진출에 대비해 얼마나 체계적인 준비를 했는지, 다양한 대안을 얼마나 전략적으로 마련했는지를 먼저 점검해야 한다. 글로벌 역량을 키우는 것이 무엇인지에 대한 진지한 고민이 전제되어야 한다는 말이다.

이제 우리는 미운 오리 새끼로 전전하며 농가 앞마당에서 평생을 보낼 것인지, 아니면 드넓은 호수의 주인공 백조가 될 것인지, 결단을 내려야 할 시점이다.

스스로 성장하려는 속성

아리스토텔레스는 그의 철학적 정점에서 '모든 생명체는 목적을 가지고 스스로 성장하려는 속성을 지닌다'는 깨달음을 얻었다. 그는 이러한 속성을 en(내부), tele(목적), keia(나아감)의 합성어, 즉 '엔텔레케이아'로 정의했다. 위대한 철학자의 통찰처럼 모든 유기체는 스스로 발전하고 완성을 향해 앞으로 나아가는 내적 힘을 가지고 있다. 이러한 힘은 한 개체의 생존을 넘어 종의 보존과 다음 세대로 이어지는 진화의 결과로 작용했음이 분명하다.

당근은 2000년 말, 한국 경제가 가장 어려웠다던 IMF 외환 위기의 끝 무렵에 창립되었다. 주위 사람들이 모두 불모의 사업에 뛰어든 것을 우려했으며, 창업 초기 의기투합했던 사람들마저도 사업의 불투명성 때문에 하나둘씩 마음을 돌렸다. 초기 몇 년은 이런 역경으로 점철된 시간이었다. 가장 힘들었던 것은 열악한 근무 환경에서 함께 일할 사람이 없다는 사실이었다. 좋은 직원을 뽑기도 어려웠을 뿐 아니라, 설령 근무를 시작해도 몇 개월 만에 회사를 떠나는 일이 많았다. 당연히 일의 연속성이 떨어지고 핵심 역량이 커지지 않아 회사는 좀처럼 앞으로 나아갈 수 없었다.

이러한 역경 속에서 우리를 지탱해준 것은 언젠가는 새로운 영역의 교육 시장을 창출하고, 대한민국 기업들의 글로벌 역량을 견인하겠다는 강한 믿음이었다. 당시 시장에서 함께했던 크고 작은 많은 회사들이 지금은 연기처럼 사라졌다. 힘들 때는 술 한잔을 핑계 삼아 마음을 달래던 같은 처지의 사장들과, 회사 규모가 커서 꿈같이 부러워했던 사장들도 지금은 대부분 소식을 알 길이 없다. 이런 와중에 당근은 무에서 시작했지만 기적처럼 생존했으며 성장을 거듭하고 있다.

당근의 업의 본질은 '스스로 성장하고 앞으로 나아가고자 하는' 인간의 초동기(meta-motive)에 있다. 심리학자들은 이를 '에피스테믹 모티프(epistemic motive)'로 정의하는데, 먹고 자는 생리적 욕구만큼 인간에게 강하게 내재되어 있는 본능이다. 인간은 지적 호기심을 자극하면 할수록 끊임없이 새로운 것을 갈구하게 된다. 지식 사회에서는 이러한 동기를 자극하는 개인과 조직이 생존 경쟁에서 우위를 차지한다.

당근은 개인과 기업들의 글로벌 역량 강화를 위한 다양한 교육 컨설팅과 서비스를 제공하고 있다. 우리는 이러한 사업을 통해서 높은 부가가치를 창출하고 사회적으로 기여하고 있다는 확신을 가지고 있다. 한 걸음 더 나아가 캐럿 크로톤빌(크로톤빌은 미국 뉴욕의 허드슨 강 기슭에 있는 GE의 리더십 역량 개발 센터다. '식스 시그마', '조직 문화 혁신'과 같은 글로벌 기업 트렌드를 주도한 GE의 지식·문화 혁신이 모두 이곳에서 시작되었다)을 만들어 세계 최고 수준의 기업과 리더들에게 창조적 지식·문화 서비스를 제공하겠다는 꿈을 가지고 있다. 글로벌 역량 강화 센터와 리더십 역량 센터, 그리고 의식을 고양시킬 수 있는 세계 최고의 의식 개발 센터가 그 구성요소가 될 것이다. 21세기 지식의 시대, 문화의 시대, 영성의 시대 리더들을 위한 최고의 교육기관으로서 '캐럿 크로톤빌'은 이미 우리 안에 있다.

어려움 속에서 시작한 당근이 생존의 기적을 만들어낼 수 있었던 것은 우리 안에 스스로 성장하려고 몸부림치는 강한 생명력이 자리하고 있음을 인식했기 때문이다. 그 결과 우리는 시장에서 인정받는 최고의 서비스 제공 능력과 훌륭한 내부 인재들을 갖추게 되었다. 그 뒤에는 언제나 당근을 신뢰하고 격려해주며 함께 호흡하는 대한민국을 대표하는 300여 개의 기업 고객들이 있다.

일과 삶의
균형에 대하여

　　　　　　　　　　　얼마 전부터 우리 사회는 웰빙과 행복에 대한 이야기를 하고 있다. 국민소득이 올라가고 교육 수준이 높아지면서, 우리 의식도 자연스럽게 생존 모드에서 더 나은 삶을 지향하는 모드로 전환하고 있는 것이다.

　　그렇다면 행복이란 무엇일까? 솔직히 행복이란 단어처럼 정의하기 어려운 말도 드물지 않을까 싶다. 그 범위가 너무 넓기도 하고, 때로는 유동적이다. 사람마다 행복의 개념이 다르고, 행복을 느끼는 순간도 다르다. 하지만 헤르만 헤세가 이야기했듯이 행복은 인간의 유일하고 궁극적인 목적임에는 분명한 듯하다. 그럼에도 행복을 추구하는 방법은 서점에 꽂혀 있는 행복 관련

책의 가짓수만큼이나 다양해서 오히려 혼란을 주는 것 같다.

해마다 유럽신경제재단(NEF)이 발표하는 국가별 행복지수를 보면, 부탄이나 방글라데시, 베트남같은 저개발 국가들이 늘 상위를 차지한다. 여기서 행복의 기준에 대한 타당성 논쟁은 접어두더라도, 경제적 수준과 행복지수가 비례하지 않는다는 점은 분명해 보인다. 심리학적으로 행복은 '개인의 주관적 느낌(subjective feeling)'에 의해 정의된다. 자신의 삶에 만족하고 행복함을 느끼는 것은 개인의 주관적인 경험에 기초하기 때문에 행복지수가 올라갈 수 있는 것이다. 행복을 주관적 안녕감이라고 주장하는 학자들은 부와 명예, 신체적 안락 같은 외부 요인들이 행복에 영향을 미칠 수는 있지만, 그 자체에 행복의 본질적 요소가 내재한다고 보지는 않는다.

나는 행복의 필요조건을 이야기할 때 빠질 수 없는 중요한 요소가 '일과 삶의 균형'이라고 생각한다. 한 개인이 사회인으로서 성공적인 삶을 살기 위해서는 반드시 충족해야만 하는 개념이기 때문이다. 하지만 아쉽게도 많은 사람들이 적당히 한쪽을 포기하고 여유롭게 시간을 보내는 것을 행복한 삶의 조건으로 오해하는 것 같다. 이는 지금까지 우리 사회가 성장을 전제로 개인의 삶을 희생하도록 강요한 것에 대한 반발이 작용하고 있다는 느낌을 지울 수 없다.

내가 이야기하는 균형이란 시소를 타듯이, 일과 행복이라는 두 변수 사이의 어느 한 지점인 산술적 중앙값을 의미하는 것이 아니다. 현명한 시누이가 어머니와 올케 사이를 부지런히 왔다 갔다 하며 관계 개선에 기여하듯, 질적인 변화를 창출할 수 있는 역동적인 균형 감각이 필요하다는 말이다. 우리는 삶을 연속적이고 다층적인 관점에서 바라볼 때 진정한 균형 감각을 유지할 수 있다. 열정을 가지고 가치 지향적인 삶을 살아갈 때 일과 삶의 진정한 접점을 찾을 수 있는 것이다. 그래야 삶의 질이 향상되고 온전한 삶을 누릴 수 있다.

심리학에서는 인간을 개인 정체성(self-identity)과 동시에 사회 정체성(social-identity)으로 구성된 인격체로 본다. 따라서 개인이 하는 일과 일터에서 형성되는 관계의 질은 행복을 이루는 데 아주 중요한 요소가 된다. 우리는 오늘날 대부분의 시간을 일터에서 보내고 있으며, 사회적 주체로서 개인의 정체성을 형성해나가고 있다. 일을 통해서 성장하지 못하고 일터에서 생산적인 관계를 형성하지 못하면 개인의 삶은 행복할 수 없다.

자신이 하는 일을 가치 있게 여기고 스스로 조직 내에서 필요한 존재라고 인식하면 개인의 행복감과 심리적 안녕에 긍정적인 영향을 미칠 뿐만 아니라, 개인과 조직의 효율성에도 도움이 된다. 이렇게 형성된 정서는 자신의 미래를 더욱 긍정적으로 보게

함으로써 스스로 동기를 자극하게 된다.

경영자들이 조직 구성원의 일에 대한 가치 부여와 만족도를 향상시켜야 하는 이유가 여기에 있다. 조직심리학자 마르크스(M. Marks)는 직장 생활에서 구성원들의 만족감이 향상되면 일에 대한 동기 부여나 직무 만족도, 조직 몰입도 등이 향상되고, 이는 조직의 효율성 증대로 이어진다고 말한다. 기업 조직이 구성원으로 하여금 일하는 보람을 느끼도록 제반 조건을 충족시킴으로써 조직의 존속 가능한 경쟁력을 확보할 수 있다는 것이다.

나는 오늘날 많은 사람들이 행복하지 못한 이유가 일과 삶을 분리해서 생각하는 태도 때문이라고 생각한다. 이들에게 일은 생계 유지 수단에 불과하기 때문에, 일과 개인의 삶을 양 끝에 놓고 그 사이에서 줄타기를 하고 있는 것이다. 행복을 추구하는 것은 한쪽을 포기해야만 한쪽을 더 갖게 되는 제로섬 게임이 되어서는 안 된다. 삶을 다양한 각도로 바라보고 삶의 질을 향상시키기 위해서는 역동적 균형을 유지해나가는 성숙한 자세가 전제되어야 할 것이다.

'대도약', 퀀텀 점프

　　　　　　　　　　미국 시카고 외곽에 있는 호손의 한 전구 제조공장. 몇몇 과학자들이 조명의 밝기가 노동자의 피로감을 줄이고 노동 생산성을 높일 것이라는 기대를 가지고 실험을 진행하고 있었다. 연구자들은 작업실 조명의 밝기를 다양하게 조절해가며 한동안 실험을 진행했다. 그런데 조명의 밝기와는 상관없이 모든 조건에서 생산성이 큰 폭으로 증가하는 것이 아닌가. 심지어 조명의 밝기를 낮추어도 노동 생산성이 증가했다. 연구자들은 예상치 못한 결과에 당황했고, 이를 어떻게 해석해야 할지 몰랐으며, 연구는 미궁으로 빠져들었다. 이후 하버드 대학교의 조직심리학자인 엘튼 메이요(Elton Mayo)는 노동자들이 조명에 의해서 영향을 받는 것이 아니라, 누군가 자신을 관찰하고 있다는 인식(또는 관심의 대상이 되고 있다는 인식)과 적절한 '긴장감' 같은 심리적 동기에 의해 자극받는다는 사실을 발견했다. 이 '호손 실험'은 외적인 근무 환경보다 내적인 심리적 동기가 생산성에 더 많은 영향을 줄 수 있음을 밝혀냄으로써 이후 산업 및 조직심리학에 크게 기여했다.

나는 양자역학을 공부하면서 미립자의 세계가 인간의 마음이 움직이는 원리와 아주 흡사하게 움직인다는 점에 놀라움을 금치 못했다. 예를 들어 '관찰자' 이론은 양자역학을 이해하는 중요한 이론 중 하나인데, 전자의 입자성과 파동성을 동시에 설명하는 실험 모델을 통해서 입증되었다. 2개의 슬롯 구멍을 통해 전자를 발사하면 종착 지점에서는 여러 개의 선과 같은 흔적이 발견되는데, 이는 전자가 물결처럼 파동의 성질을 가지고 운동하기 때문이다. 하지만 연구자가 이 실험을 관찰하기 위해서 카메라와 같은 시설물을 설치했을 때, 전자들은 종착 지점에 2개의 흔적만을 남겼다. 그 이유는 관찰자를 인식한 전자가 이전과 다른 행동 패턴을 보였기 때문이다.

심리학에서도 이와 유사한 이론을 찾아볼 수 있다. 사회심리학의 거장 고든 윌러드 올포트(Gordon Willard Allport)는 혼자서 자전거를 탈 때보다 누군가가 자기를 보고 있을 때 더 빨리 달린다는 사실을 발견하고, 이러한 심리적 기제가 무엇인지 연구했다. 그는 이것을 사회촉진이론으로 발전시켰는데, 관찰자의 존재를 인식하는 것만으로도 인간은 동기를 자극받는다는 것이다. 혼자 운동할 때보다 다른 사람과 함께 운동할 때, 또는 관중이 많은 곳에서 경기를 할 때 더 좋은 성적을 낼 수 있는 이유가 여기에 있다.

우주는 질서와 무질서의 공존과 통합의 원리에 의해 지속적으로 변화하는 것 같다. 고전물리학의 역학법칙들은 다양한 물리적 현상들을 해석함으로써 인류가 이 세계를 훨씬 더 안정적으로 건설하고 유지하는 데 결정적인 기여를 해왔음에 틀림없다. 또한 이러한 발견들은 원인과 결과를 기계적 작용으로 해석하는 결정론적 세계관을 제공하기도 했다. 하지만 미시적 세계나 초거시적 세계에서 이러한 법칙들이 더 이상 유효하지 않다는 것이 현대물리학의 정론이 된 지 오래다. 핵심은 우리가 인지하지 못하는 세계들이, 지금 우리가 속한 세계와 끊임없이 상호작용하며 존재의 근간을 형성하고 있다는 점이다.

우리에게 세상을 이해하는 새로운 관점을 제공하는 것이 양자역학(quantum mechanics)이다. 평생 양자역학을 연구하며 그 틀을 제공했던 닐스 보어(Niels Bohr)는 원자핵 주위를 돌고 있는 전자들의 움직임을 관찰하다 특이한 현상을 발견했다. 마치 공이 아파트 1층에서 5층으로 튀어오르듯이 전자 알갱이들이 종종 궤도를 이탈해서 다른 궤도로 튀어오르는 것이었다. 전자들은 이렇게 튀어오르면서 에너지를 발산하는데, 특이한 점은 그 도약의 과정을 볼 수 없으며, 규칙성도 없다는 것이다. 단지 확률을 따를 뿐이다. 보어는 이를 '퀀텀 점프(Quantum Jump)'라고 명명했다. 퀀텀 점프는 어떤 일이 연속적으로 조금씩 발전하는 것이 아니라 계단을 뛰어오르듯이 다음 단계로 도약하는 것을 말한다. 기업이 사업 구조나 사업 방식 등의 혁신을 통해 단기간에 실적이 호전되는 것을 퀀텀 점프라고 표현하기도 한다.

사람들의 삶이 제각각 자신의 궤도(layer)를 달리는 것은 전자가 원자핵 주위를 돌고 있는 모양과 흡사하다. 일반적으로 전자들은 자신의 궤도를 돌며 안정적인 준위를 유지하는 경향이 있다. 도약하는 전자는 반드시 임계치를 뛰어넘는 에너지를 가져야 한다. 만일 우리가 현재의 궤도를 뛰어넘어 다른 수준의 삶을 살고자 한다면 반드시 그 수준에 달할 수 있는 임계치를 확보해야 한다. 늘 하던 대로, 남들이 하는 만큼, 보이는 것에 만족하는 평균 지향적인 삶의 태도는 아무리 시간이 흘러도 그러한 에너지를 응축해낼 수가 없다.

우리의 몸과 세상의 물질은 원자의 집합으로 구성되어 있다. 영속의 시간 앞에서 물질이 완전히 해체되기 전까지 우리를 구성하고 있는 미시 세계는 그 역동성을 잃지 않고 유지해나갈 것이다. 내 몸이 이렇게 살아 숨 쉬고 존재하는 것을 지각하는 것만으로도 기적이 아닐 수 없다. 나와 물질이 상호작용하고 움직이는 원리를 이해하고, 그 위에 존재 자체를 넘어선 삶의 의미와 가치를 추구할 때 우리의 생명력(엘랑비탈)은 살아 움직일 것이다.

영성이 있는 일터를 지향하며

21세기에 우리가 직면하는 많은 문제들은 과거에 접했던 문제들과는 그 성질이 다르다. 더 복잡하고, 예측하기 어려우며, 문제를 정의하는 데 주어지는 시간도 그리 많지 않거나, 아예 답이 없을 수도 있다. 기업들에게 주어진 역동적인 환경 변화는 이러한 새로운 문제의 연속이며, 기존의 방식으로는 지속적인 성장을 담보할 수 없다. 아인슈타인의 말처럼 "같은 방법을 사용해서 다른 결과를 얻기를 바란다면 그것은 미친 짓"일 수 있는 것이다.

새로운 경영 환경은 통제가 아닌 조직 구성원들의 지식과 창의성, 몰입 등과 같은 질적인 요인에 의해 성패가 좌우된다. 회사의 경쟁 우위 원천이 기존의 시스템과 통제적 메커니즘에서 인적 자산으로 옮겨간 것이다. 전문가들은 직원들의 질을 향상시키려면 조직 내 관계를 돈독히 하고 영성을 개발할 필요가 있다고 주장한다. 여기서 이야기하는 직원의 질은 보상과 징계를 통한 행동 조작으로는 만들어질 수 없으며 인간의 영성 개발을 통해서만 점진적으로 형성된다.

조직을 연구하는 행동과학자들은 10년 전부터 이러한 문제들을 해결할 수 있는 방법으로 '영성'을 탐구하기 시작했고, 꽤 진전된 연구 성과를 내놓고 있다. 연구자들은 오늘날 우리가 직면한 많은 문제들이 예측 불가능한 비선형적 특성을 가지고 있으므로 과거의 문제 해결 방식으로 접근하는 데는 한계가 있음을 직시했다. 따라서 개인의 의식 수준을 향상시킴으로써 문제들을 통합적으로 바라보는 홀리스틱(holistic) 접근이 필요하다. 직장과 조직 운영의 관점에서 일터 영성(workplace spirituality)을 고양시키는 것은 이러한 접근 중의 하나라고 할 수 있다.

영성의 어원은 라틴어의 '호흡(spiritus)'에서 유래했다. 영성은 눈에 보이지 않는 그 무엇이지만 존재에 생명을 불어넣고 유지하는 근원이라는 의미다. 일터 영성의 정의는 '일과 조직이라는 환경 속에서 개인이 삶의 의미와 목적을 찾고, 더 나은 존재 가치를 실현하고자 하는 인간 본연의 심리적 특성'이다. 인간은 본능적으로 존재 가치를 높이고 더 나은 삶을 살고자 하는 욕구와 메커니즘을 가지고 있는 것이다.

우리는 영성을 신의 영역으로 생각하는 경향이 있다. 하지만 영성은 종교적 틀이 아닌 우리의 일상 속에서 늘 존재하고 향상시켜나갈 수 있는 것이다. 종교는 하나의 신념 체계이며 형식과 틀을 중요시하는 반면, 영성은 인간의 존재 안에 살아 숨 쉬는 특성이다. 비유하자면 영성은 어디든 존재하는 '물'과 같은 것이며, 종교는 물을 담는 '용기(container)'라고 할 수 있다. 용기에는 다양한 형태와 크기가 있지만, 물이 존재하기 위해서 반드시 '용기'가 필요한 것은 아니다.

패트리셔 애버딘(Patricia Aburdene)은 그의 저서 《메가트렌드 2010》에서 기업 활동에서 영성에 초점을 맞추는 것은 가장 중요한 일이 되고 있으며, 오늘날의 가장 큰 트렌드를 형성하고 있다고 주장한다. 영성은 일터에서의 상호 관계뿐만 아니라, 조직 효율성에 있어서도 긍정적인 변화들을 이끌어내고 있다. 회사가 자신의 성장과 더 나은 삶을 살고자 하는 개인 중심적 가치와, 직무 동기 · 조직 몰입 · 조직 시민 행동과 같은 회사 중심적 가치를 통해 영성을 강조한다면 조직은 훨씬 더 좋은 결과를 얻게 될 것이다. 또한 영성을 추구하는 회사는 생산성이 더 높을 뿐만 아니라 더 유연하고 창의적이며 지속적인 경쟁 우위를 확보할 수 있다는 증거들을 제시한다. 그는 또 영성의 힘이 점차 우리 개인의 삶에 영향을 주고 있으며, 조직으로 확산되어 도덕적 혁신을 가능하게 할 것이라고 말한다.

오늘날 사람들은 더 많은 시간을 일터에서 보내고 있으며, IT 기술의 눈부신 발달로 일과 개인적 삶의 경계가 모호해지고 있다. 또한 전통적인 사회 모임이나 가족 중심의 모임이 줄어들고 있기 때문에, 직장이 사회적 관계 형성의 가장 중요한 원천이 되고 있다. 일터 영성은 이 같은 급격한 경영 환경의 변화와 사회적 역동성의 중심에서 개인과 조직에 솔루션을 제공해줄 수 있는 대안이 될 것이다.

일터 영성을 이해한다는 것은 사람들이 내면의 세계와 외면의 세계를 가지고 있음을 이해하는 것이다. 이때 내면 세계를 키운다는 것은 실제의 삶도 더 의미 있고 생산적으로 변화할 수 있음을 이해하는 것이다. 조직은 리더들의 영성 수준에 관심을 기울여야 하며, 구성원들이 자신은 누구이며, 무엇을 하고 있는지, 그리고 일과 삶을 통해서 무엇에 기여하고 있는지 궁극적인 의미를 찾을 수 있도록 해야 한다.

우리는 하루 중 대부분의 시간을 일과 조직이라는 환경 속에서 보내고 있다. 어느 누구도 출근을 하면서 자신의 영성을 집에 놔두고 오지는 않을 것이다. 일에서 삶의 목적과 존재 가치를 찾을 수 있고, 동료들이 나의 삶의 의미를 더해주며, 내가 그들의 고통을 인지하고 공유할 수 있다면 우리는 훨씬 더 질적으로 고양된 삶을 살아갈 수 있다. 영성이 있는 일터는 이러한 사람들이 모여 공동의 목표를 가지고 사회적 가치를 실현하는 장이다.

감사의 글

책을 쓰면서 나는 지난 13년간의 당근농장 이야기가 아닌 내 삶 전반에 걸쳐 영향을 준 수많은 사람들의 이야기라는 생각이 들었다. 회사가 사회적 상호작용의 산물이듯이 나라는 존재도 많은 인연들의 상호작용의 결과일 뿐이라는 생각이 든다. 그러니 잠깐 스쳐간 인연일지라도 그 인연 하나 하나에 감사하는 마음은 결코 가볍지 않다.

유학을 다녀온 아들이 느닷없이 창업을 한다고 했을 때 나를 믿어주고 지원해주신 아버지, 어머니께 가장 먼저 감사의 말씀을 드리고 싶다. 2000년 말, 많은 벤처기업들이 무너지고 있다는 암울한 뉴스들이 연일 신문을 장식하던 때였다. 결혼할 나이가 된 아들이 눈에 훤히 보이는 고생길로 들어섰는데도, 그걸 묵묵히 지켜봐주신 부모님의 마음이 있었다. 그 마음을 헤아리는 것만으로도 초창기 어려운 시절을 견뎌내는 힘이 되었다.

또한 신입사원 입문 교육부터 3년간 삼성전자에서 체계적으로 배우고 경험한 것들은 사업과 조직 운영에 대한 프레임과 자신감을 제공해주었다. 나는 삼성전자가 글로벌기업으로 도약하려는 시점에 열정의 도가니 속에서 함께했던 행운을 가졌으며, 이는 미국에서 경영학 공부를 한 것보다 더 값지고 실천적인 지식이 되었다. 신입사원 한 명을 키우는 데 많은 정성과 투자가 들어가는 것을 잘 알고 있기에 열심히 배우기만 하고 뛰쳐나온 것 같아 항상 미안한 마음과 감사한 마음을 동시에 가지고 있다.

실제로 경영을 해보니 현실은 교과서에 나와 있는 것처럼 그렇게 작동하지 않았다. 그 핵심은 사람에 있었다. 끊임없이 사람에 대한 고민을 하던 나는 결국 사람을 제대로 이해하기 위해서 심리학 공부를 하기로 결심했다. 경제학과 경영학을 전공한 내가 과학적 분석방법을 기반으로 한 심리학을 체계적으로 공부할 수 있도록 6년간 한결같이 이끌어주신 성균관대학교 서용원 교수님께 감사드린다. 아울러 배움의 과정에서 깨달음을 주신 이순묵 교수님과 최훈석 교수님, 과학철학을 만나게 해주신 이한구 교수님, 1년간 물리학의 세계에서 양자역학을 이해하게 해주신 동국대학교 조훈영 교수님은 내 삶에 배움의 갈증을 채워주신 우물 같은 존재였다. 그분들의 가르침은 오늘 당근의 조직과 서비스 모든 곳에서 산소처럼 함께 공존하고 있다.

당근호는 직원 3명에 경영위원 4명으로 처음 돛을 올렸다. 기약 없는 항해에 만약 그들이 함께하지 않았다면 나는 아마 망망대해에서 외로움에 지쳐 쓰러졌을 것이다. 대학교 1학년 때부터 친구이자 동지로서 함께해온 이호상 경영위원, ROTC 동기이자 삼성 입사동기인 황성준 경영위원, 신입사원 시절에 곁에서 일일이 챙겨주고 가르쳐주던 선배 박진민 경영위원은 각자의 전문성을 가지고 혼신의 힘을 다해 당근을 함께 끌어주었다. 언제나 나를 믿어주고 맡겨준 그들에게 다시 한 번 감사를 전한다.

평균 나이 30대 초반의 젊은 캐러션들은 열정이 큰 만큼 고민과 방황도 많다. 캐러션들이 일상의 벽에 부딪힐 때 삶의 지혜를 얻고 균형을 잡을 수 있도록 이끌어주시는 안남섭 코치님과 오철숙 코치님에게도 감사의 마음을 놓을 수 없다. 그들은 평생을 쌓아온 경험과 코칭 지식들을 온전히 당근에 녹여주고 계신다. 직원들 한명 한명이 더욱 성숙되고 행복한 삶을 살아갈 수 있도록 인생의 선배로서 코치로서 어루만져주신다.

맨 처음 당근 이야기를 책으로 집필할 수 있도록 지속적으로 나를 자극하고 용기를 주신 빵굽는 타자기 송숙희 선생님에게도 감사를 드린다. 언젠가는 당근의 이야기를 책으로 만들고 싶다는 생각을 품어왔었지만 그게 언제인지는 쉽게 결단을 내릴 수 없었다. 하지만 선생님과의 인연과 채찍이 이 책을 쓰게 된 시발점이 되었다. 또한 책이 출판될 수 있도록 지난 일 년 간 이웃집 문지방 넘나들 듯 당근에 와서 함께 차를 마시며 나를 지치지 않게 조율해주신 끌리는책 김찬희 대표께 감사를 드린다.

이 이야기의 주인공은 단연 캐러션들이다. 지난 13년간 캐럿이 훌륭한 회사로 성장해올 수 있었던 것은 많은 캐러션들의 열정과 희생이 있었기 때문에 가능했던 것이다. 당근에 단 하루를 있었어도 나는 그들을 캐러션이라 부른다. 회사 초창기 어려운 시절을 함께 보냈던 동료들과 그간 회사를 거쳐 간 수많은 직원들, 그리고 세계 최고의 글로벌 교육 회사를 만들어가고 있는 오늘의 캐러션들에게 이 지면을 빌어 다시 한 번 감사와 경의를 표하고 싶다.

마지막으로, 지난 10년간 사업과 학습에 매진하는 남편을 빈틈없이 채워주고 인내하며 후원해준 아내에게, 그리고 틈날 때마다 함께 장난치며 놀아주고 단짝 친구가 되어준 아들 경환에게 이 책을 바친다.

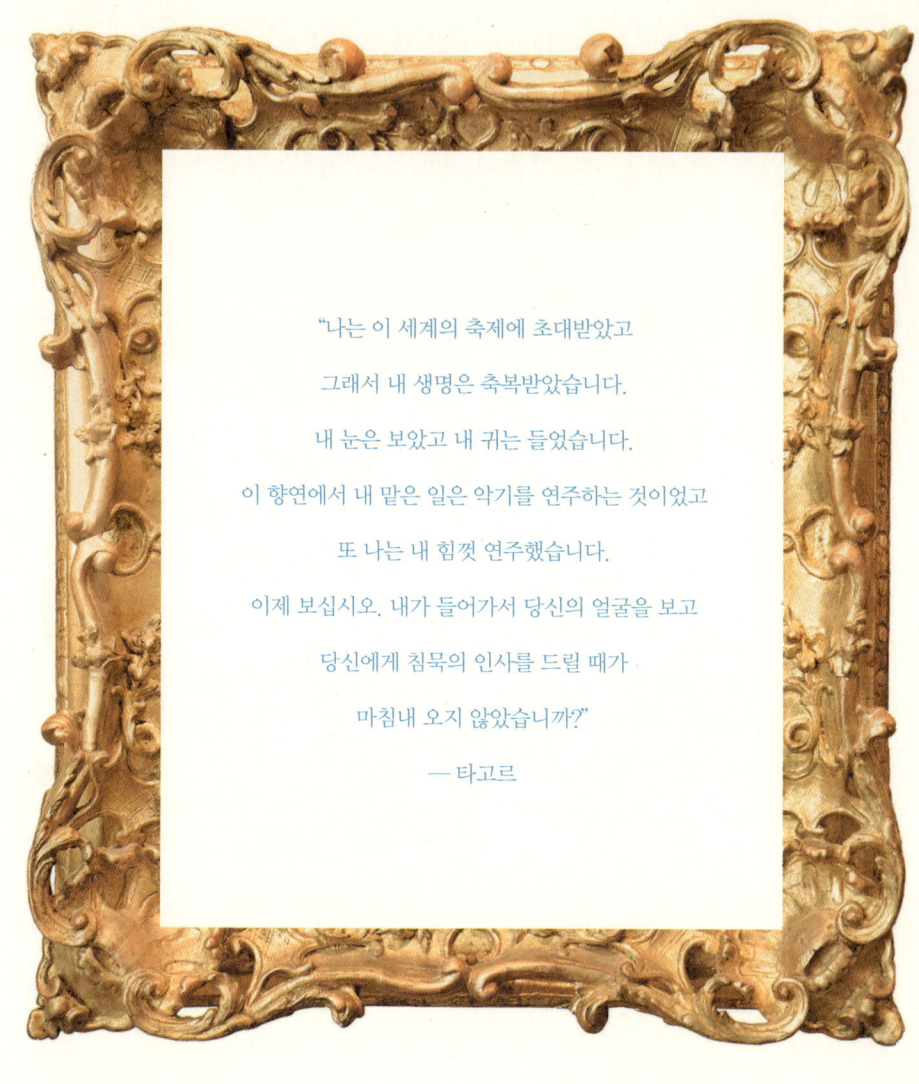

"나는 이 세계의 축제에 초대받았고
그래서 내 생명은 축복받았습니다.
내 눈은 보았고 내 귀는 들었습니다.
이 향연에서 내 맡은 일은 악기를 연주하는 것이었고
또 나는 내 힘껏 연주했습니다.
이제 보십시오. 내가 들어가서 당신의 얼굴을 보고
당신에게 침묵의 인사를 드릴 때가
마침내 오지 않았습니까?"
— 타고르